SV

Detlef B. Linke
Hölderlin als Hirnforscher

Lebenskunst
und Neuropsychologie

Suhrkamp

Satz: TypoForum GmbH, Seelbach
Druck: Ebner & Spiegel, Ulm
Printed in Germany
Erste Auflage 2005
ISBN 3-518-41733-9

1 2 3 4 5 6 – 10 09 08 07 06 05

Inhalt

Für Ingeborg und unsere Kinder
in tiefer Liebe

Lebenskunst und Neuropsychologie

*Der Sinn des Lebens – Scheu wie die Sprache
der Verliebten*

Als der Philosoph Karl Jaspers mit 85 Jahren einen Schlag-
anfall erlitt, tippte er an seine Stirn und sagte: »Das geht
nicht mehr, es macht aber immer noch Spaß!« Der Den-
ker, der sein Leben mit Denken verbracht hatte und dies
nun nicht mehr konnte, fand das Leben weiterhin lebenswert. Das Leben kann eine Kraft entfalten, mit der es uns
an es bindet, die auch da ist, wenn wir sie nicht oder nicht
mehr in Worte fassen können. Der Lebenswille hängt
nicht davon ab, daß wir ihn benennen können. Das Verhältnis kann sogar umgekehrt sein, und wenn ich zu sehr
versuche, das, was mich getragen hat, in Worte zu fassen,
dann kann es mitunter seine unscheinbare Selbstständ-
lichkeit verlieren und zum grüblerischen Problem werden,
das von der früheren Tragkraft nur noch wenig vermittelt.
Es ist wie mit der ersten scheuen Sprache der Verliebten,
die vieles zerstören würden, wenn sie es zu genau bezeich-
neten.

Für die Hirnforschung ist dieses Verhältnis eine Selbst-
verständlichkeit. Sie weist immer wieder darauf hin, daß
unser implizites Wissen und unser implizites Gedächtnis
stets größer sind als unser explizites Wissen und unser
explizites Gedächtnis, d. h. das Unausgesprochene nimmt
in uns einen größeren Raum ein als das Ausgesprochene.
Wer also nach einer knappen verbalen Formel für den
Sinn des Lebens sucht, der hat sie mitunter gerade dadurch
schon verfehlt. In der Formel wäre das nicht enthalten, was als Unaussprechbares uns mitträgt. Dies bedeutet

nicht, daß wir nicht auch über die Unaussprechbarkeit sprechen können. Wir sollten uns aber nicht zu gewiß sein, daß eine Beziehung, die von einem Lächeln getragen wird, von Worten genausogut stabilisiert werden könnte.

Karl Jaspers, der als Psychiater auch ein Buch über die Psychologie der Weltanschauungen geschrieben hatte, wies darin darauf hin, daß zwischen verbal geäußertem Lebenssinn und konkreter Lebenspraxis sogar eine extrem paradox anmutende Beziehung möglich sei. Es gibt Menschen, die ihren Lebensmut und ihre Lebenskraft darin bestärkt finden, daß sie alles für null und nichtig erklären. In der Fähigkeit zu dieser Aussage verspüren sie eine eigene Lebensmacht, die ihnen für das praktische Leben zugute kommt. Ob solch ein an der eigenen Macht orientierter Nihilismus nicht doch anderen Schaden zufügt, bleibt eine wichtige Frage, zumindest sollten wir uns deutlich machen, daß nicht nur in den Worten, sondern auch in dem Verhalten der anderen ein Großteil ihrer Wahrheit liegt. Insofern muß man den Nihilisten nicht zwingen, das Paradox seiner existenziellen Einstellung einzugestehen, und man sollte vorsichtig sein, es als Lebensrezept zu verkaufen.

Der Versuch, über das Lebenswerte am Leben zu reden, ohne das Lebenswerte daran für andere vielleicht noch schwieriger zu machen, ist also kein einfacher und erfordert einen vorsichtigen Umgang mit der Sprache. Hierbei haben sich insbesondere zwei Zugangsweisen angeboten, so einerseits die Verfahrensweise des Dichters, der alles benennen, zugleich aber auch in einer die Dinge belebenden Weise reden möchte. Auch in solch einem Fall ziehe ich die freudige Sprechweise vor, wobei die Sprache der Poesie sogar ihren eigenen Anteil am beschriebenen Glück haben kann:

Poesie ist die Sprache
des Paradieses,
das Flüstern der Blauvögel
mit den Menschen,
das Lachen der vier Bäche
über dem Fels,
der brennende Honig,
der vielfache Blick
des Pfaus,
der Himmel im Untergrund.

Von besonderer Bedeutung ist natürlich andererseits die Sprache der Religion, die wie die Verliebten von der Anwesenheit des Abwesenden sprechen kann. Sie bewahrt auch das Geheimnis des Glücks, das eine Vollendung in der Glückseligkeit findet, was nicht bloß eine Steigerung des Glücks ist, sondern bedeutet, daß man nicht nur selbst glücklich ist, sondern sieht, daß der Andere auch glücklich ist. Im Gebet können wir eine Innigkeit entfalten, die den Anderen nicht ausschließt und nicht zur leeren Ichbezogenheit führt, welche die Sinnfrage in ihrer furchtbaren Form des Sinnlosigkeitsverdachts aufwerfen kann. Oft ist der Mensch dann am meisten bei sich, wenn er sein Herz an etwas anderes heftet. Die Selbstmordraten sind nicht dann am höchsten, wenn in Notzeiten der Mensch ums Überleben kämpft, sondern in den Zeiten des Wohlstandes, wenn bloße Selbstbespiegelung Einzug hält.

Fragt man Menschen, ob sie an eine Glücksmaschine angeschlossen werden und ihre neunzig Lebensjahre im sicheren Glück verbringen möchten, so lehnen sie dieses heftig ab. Offenbar ist Glück als sichere Sache nicht die Zielvorstellung der Menschen, sondern es gehört zum Glück noch eine Sinndimension, die auch mit dem Dauertropf von Glückstransmittern keineswegs dauerhaft gesichert wäre. Aber auf welche Unwägbarkeiten, auf welche

Erkundungen von Sinn soll man sich ausrichten? Wann lebt man zu riskant, wann riskiert man zu wenig? Das Glück stellt sich im Gehirn am ehesten dann ein, wenn es dafür arbeiten muß. Man kann sagen, daß das Gehirn unkodierte Impulse in strukturierte Informationen verwandelt und daß dies ein befriedigender Vorgang ist, der im Grunde jedem Leben abgerungen werden kann. Das Gehirn kann fast nicht anders, als immer wieder nach Sinn zu suchen, und selbst wenn es nur um »Sinn« im Sinne von Wortbedeutungen geht, fällt es schwer, einen Satz zu bilden, der keine Bedeutung hat. In einem Laborexperiment hatten wir zur Hirntestung nach sinnlosen Sätzen gesucht, und es war nicht einfach, solche herzustellen. Irgendeine tiefere poetische Aussage scheint fast in allen versteckt zu sein. Zum Glück, so muß man wohl fast sagen, liegt das Glück des Menschen also nicht einfach im Erreichen eines Zieles, sondern oft darin, dann dem Leben einen Sinn zusprechen zu können, wenn das Ziel nicht völlig erreicht ist, ja sogar wenn der Lebensweg eine ganz andere Wendung genommen hat. Glück kann aus diesem Grunde nicht direkt angezielt werden, sondern stellt sich eher bei dem Versuch, ein anderes Ziel zu verfolgen, ein. Nur zu sagen, daß der Weg selber schon das Ziel sei, könnte zu der unpassenden Interpretation führen, sich gar nicht erst ein Ziel zu stecken. Das hieße aber, gleich allem einen Pauschalsinn zu verleihen und so dem Gehirn gar keine Mühen mehr anzubieten. Doch wieviel Ziel und wieviel Niederlage soll man sich zumuten und zutrauen? Manch einer, der den großen Wurf suchte, beklagt am Ende, daß er das Glück nicht in der Idylle gesucht hat, manch anderer, der das Glück im Kleinen suchte, beklagt, daß er nicht mehr gewagt hat. Ich denke, daß das Aushalten solcher Spannungen Zufriedenheit ganz und gar nicht ausschließen muß. Man muß ja nicht gleich so hohe Ziele wie jener amerikanische Student haben (der Sohn einer Bekannten von mir), der jetzt 22 Jahre alt ist und einmal Präsident der USA werden möchte und sein ganzes Leben darauf abstellt. Ein bißchen verrückt, möchte man sagen, aber immerhin ist er als junger Student schon jetzt Redenschreiber eines wichtigen amerikanischen Politikers. Er überlegt zur Zeit, ob seine Freundin einmal als First Lady geeignet sein könnte oder ob er sich im Hinblick auf das gesetzte Ziel vielleicht von ihr trennen müsse. So großartig ich solch eine Zielstrebigkeit finde, so problematisch wird die Sache, wenn man für dieses Ziel alles bis ins Kleinste durchzukalkulieren versucht. Wird sich dann noch Glück einstellen? Und vor allem, wird sich dann das Verständnis für das Glück anderer Menschen entwickeln lassen? Erinnern wir uns an das Verhältnis von explizitem und implizitem Wissen, so hat dieses auch mit der Frage nach den Zielen zu tun. Unser explizites Ziel deckt vielleicht nicht alle unsere impliziten Bedürfnisse ab, und es wäre vielleicht schöner, wenn man z.B. den Ruhm einer politischen Karriere auf seinen Partner ausstrahlen lassen würde, statt umgekehrt ihn als Mittel für dieses Ziel benutzen zu wollen. Aber natürlich spielt sich das Glück des Lebens auch in den verschiedenen Rivalitäten von Lebensentwürfen ab, und es wäre vermessen, zu fordern, daß nur eine bestimmte Lebensform oder Form der Askese zum allgemeinen Glück führen könnte.

Viele Anleitungen zum Glück machen es sich zu leicht und sind in ihrer Technizität fast einer Anleitung zum Drogengebrauch gleichzusetzen. Leben ist also auch lebenswert, wenn es Mühsal und Plage gewesen ist, und es hat auch seine Würde, wenn es den Katastrophen des Nichts ausgesetzt ist. Gerade deswegen aber sollte man mit dem Nichts keine leichtfertige Rede betreiben. Denken wir an das schreckliche Elend, dem ein psychiatrischer

Patient mit einer schweren Depression ausgesetzt sein kann (Karl Jaspers widmete einen Großteil seines Lebens der Untersuchung solcher Fälle und Probleme), dann verbietet es sich, die Frage des Nichts als rein intellektuellen Sport anzugehen. Es ist ein großer Unterschied, ob man in einer Gemeinschaft über das Nichts redet oder ob einen diese Gemeinschaft z. B. ausschließt, die Freundschaft aufkündigt und einen vor ein recht konkretes Nichts stellt, das völlig anders geartet ist als jenes, das in der theoretischen Meditation aufscheinen mag. Wir sollten Respekt vor den schweren Katastrophen psychischen Unglücks haben, welche den Menschen betreffen können. Die leichtfertige Übersetzung des asiatischen »Nirwana« als »Nichts« hat hier viele Unernsthaftigkeiten gestiftet. Will man sich aber nicht auf eine drogenartige Glücksrezeptur kaprizieren, sondern sich wirklich der Möglichkeit des Unglücks des Menschen im Sinne eines tief bedrohlichen Nichts stellen, dann sollte man mir an dieser Stelle vielleicht ein »choanartiges« Paradoxon gestatten: Im Nichts noch den Herrn loben! – Wenn ich wählen dürfte, würde ich an dieser Stelle aber eher eine Sprache der Verliebtheit wählen, aber vielleicht ist dazu meine Scheu zu groß.

Lebenskunst und Wachstum

Hölderlin in den Kontext der Lebenskunst zu stellen, ist keineswegs verkehrt. »Wo aber Gefahr ist, wächst das Rettende auch!« (F. Hölderlin, *Patmos*). Mit diesem Satz ist nicht einfach ein dialektischer Umschlag gemeint in dem Sinne, daß man sich nur weit genug in eine Richtung bewegen müsse (sich weit genug in seine Katastrophe hineinwurschteln möge), die Rettung werde dann schon kommen. Solche pädagogischen Vorstellungen hegten z. B.

C. G. Jung und andere, die der Ansicht waren, der Mensch müsse nur weit genug in seinen Schlamassel geraten, dann werde es schon zum Umschlag kommen. Derartige Ansichten kann man heute in der Alkoholberatung und anderswo durchaus noch finden. Ich denke aber, daß eine derartige Umschlagstheorie, wie sie von der Metabolie der antiken Mediziner (z. B. Krankheitsumschlag beim höchsten Fieber) bis zur Dialektik Hegels entwickelt wurde, angesichts einiger Befunde der Hirnforschung und auch einiger Erfahrungen aus der Praxis der Therapeutik nicht so ohne weiteres als Leitlinie benutzt werden kann. Je mehr wir uns in eine Schwierigkeit hineinarbeiten, umso mehr werden diese Probleme (z. B. eine Sucht) gebahnt, ohne daß die gebahnten Mechanismen ohne weiteres gesetzmäßig zu einem Umschlag führen müßten. Dennoch ist festzuhalten, daß unser Nervensystem über das Potential der Umkodierung verfügt, das aber eben nicht nur einem einfachen Umkehrschema gehorchen muß. Gerade in der größten Schwierigkeit gerät natürlich auch der Code in Turbulenzen. Darin liegt eine Chance. Die Chaostheorie meint, gerade chaotische Zustände des Gehirns können in einen neuen Zustand überleiten; d. h. dort, wo Gefahr ist, die Gefährdung durch das Chaotische, wenn man so will, kündigt sich schon eine Rettung an. In gewisser Weise kann dieses Chaos selbst schon die Rettung sein, da ein Heraustritt aus einer Fehlbahnung stattfindet. Wie der Weg nun aber weiter zu beschreiten ist, wird nicht nur im Begriffsschema Metabolie bzw. Dialektik beschreibbar sein. Was nun folgt, schöpft zwar aus den Möglichkeiten dessen, was im Gehirn versammelt erscheint, den Möglichkeiten der Person, bleibt aber, wenn man so will, beim selben. Sich auf diese Ungewißheit einzulassen, hieße, Angst vor dem Chaos (vielleicht auch vor dem Feuer unkodierter Nervenimpulse) zu verlieren, um sich so auf das Neue einzustellen. Dabei nur das Bild der Umkehr, des Umschlages oder der Dialektik zuzulassen, hieße, die in unseren Kompetenzen angelegten Freiheitsmöglichkeiten zu unterschätzen.

Man kann Lebenshilfekonzepten wie dem von Dale Carnegie *(Sorge dich nicht – lebe!)* nur zustimmen, wenn dort geäußert wird, man sollte, steht man vor einer schwierigen Situation, sich auf den schlechtest möglichen Ausgang einstellen und sich dann klarmachen, wie man diesen überstehen kann. Carnegie weist darauf hin, daß selbst der schlechtest mögliche Zustand oft ertragen werden kann und daß wir ihn, haben wir ihn uns erst einmal ausgemalt, auch nicht mehr so fürchten müssen. Carnegie ist allerdings dann etwas unlauter, wenn er gerade dieses Sicheinstellen auf schwierige Situationen und schlimmste mögliche Ausgänge nicht mehr als Sorge beschreibt, obwohl sein exzellenter therapeutischer Vorschlag hierin das angemessene Wort gefunden hätte. Hier wird eine optimistische Tünche über eine sehr kluge Therapie gemalt, indem der eigentliche Vorgang der Problembewältigung, d. h. sich klarzumachen, wie der schlechteste Ausgang sein könnte, mit der lapidaren Redeweise »Sorge dich nicht, lebe!« nivelliert wird.

Die Radikalisierung des Opferns

Ein junger Mann soll wegen des Verdachts auf eine schizophrene Psychose in eine geschlossene Abteilung eingewiesen werden. Gemeinsam mit dessen Eltern verhindert dies sein Freund, indem er anbietet, der Schule fernzubleiben und auf ihn aufzupassen. In den betreuenden Gesprächen, die er mit Empathie führt, wird er immer weiter in ein düsteres Reich von »Antivisionen« (»Ich sehe Löffel an der Wand«), die als Parodie auf philosophische Einsichten geäußert werden, hineingezogen. Es ist ihm, als ob er das Reich der Vernunft verlassen und all seinen Geist opfern müßte, um den Gedanken des kranken Freundes noch folgen zu können. Später meinten Freunde, er, der den Gedanken des Kranken zu folgen versuchte, habe offenbar einen Schock erlitten. Und in der Tat wurde er danach wiederholt von der Rolle des Opfers heimgesucht, was ihm nicht nur eine Analogie, sondern bisweilen eine erschreckende innere »Identität« mit »Jesus« nahelegte. Im Gespräch mit einer christlichen Philosophin stellte er im nachhinein die Frage, wieweit man beim Opfer denn gehen könne. Diese antwortete, es sei nie zu beenden. Tatsächlich liegt in der Radikalisierung des Opferns die Chance, den Sinn des Opferns nicht zu verlieren. Ein sicherlich riskantes Manöver, das heute kaum noch jemand einzugehen gewillt sein wird und im Falle des Opferns gegenüber einem Psychotiker (nach medizinischen Maßstäben) auch zu den bekannten Phänomenen der Folie à deux, des Wahnsinns zu zweit, führen kann (in dem beschriebenen Fall schüttelten die beiden behandelnden Psychiater, die zum Hausbesuch kamen, auch den Kopf über das Maß an Empathie, welches der fürsorgende Freund auf sich genommen hatte). In der Tat kann das Sichopfern zu schwerwiegenden Folgen führen. Wenn der Betreffende, den man auf seinem Irrweg zu folgen versuchte, zur Genesung gelangt, will er von seiner Krankheit nichts mehr wissen und versucht, diese radikal abzustoßen, so daß nicht selten auch der Freund der negativen Projektion anheim fällt. Dann wird auf diesen alle Irrationalität projiziert, die man selber so gerne loswerden möchte.

Die Orientierung an der Lust erscheint vielen bei der Lebensgestaltung als deutliche Erleichterung bei der Entwicklung von Lebenskonzepten. Man braucht dann nur noch zu überlegen, was denn nun Lust verschaffen würde. Das macht den Eindruck, als handele es sich hier um ein Problem, das der Klassifikation von z. B. Schmetterlingen ähnlich sei. Auch die Ordnung (Taxonomie) eines botanischen Systems von Blätterverwandtschaften kann den Eindruck einer ähnlichen Problemstellung hervorrufen. Dann bräuchte man nur sorgfältig zu unterscheiden, zu klassifizieren und neu zusammenzufassen, um einen Überblick über das System der Lüste zu bekommen, um sein Leben angemessen gestalten zu können. Nun lassen sich die verschiedenen Lüste aber nicht in ein so einfaches Verhältnis bringen wie die Lippenblütler und die Zwergfußstaude. Auch wenn die Klassifikation der Lüste für ein einzelnes Individuum gelungen und jede Lust mit einer bestimmten Kennzahl oder auch noch einem zusätzlichen Korrekturfaktor versehen wäre, wäre noch keinesfalls der Tatsache Rechnung getragen, daß sich Lüste beim Menschen erheblich verschieben können und auch das Ausbleiben von Lust bei »hartem« Training seine eigene Lust bewirken kann. Ein grundlegendes Prinzip, welches das System der Lüste zu Fall und durcheinanderbringt, ist das Prinzip der Lust an der Wiederholung. Dies ist uns aus dem Alltag wohlbekannt. Für die Entstehung einer Lust, die weder von der Art des Objektes, noch von der Art der Handlung abhängig ist, sondern die allein durch die Wiederholung auftritt, lassen sich verschiedene Modelle entwickeln. Eines würde besagen, daß es zur Erinnerung einer früheren Lust kommt, die mit einer bestimmten Handlung oder einem bestimmten Objekt verbunden war. Dieser Mechanismus ist sicherlich von Bedeutung, gilt aber nicht für jene Fälle, in denen sich die Wiederholung auf eine Handlung oder ein Objekt richtet, die schon beim ersten Mal keine allzugroße Lust gewährten. Offenbar kann in der bloßen Wiederholung als solcher eine gewisse Lust liegen.

Von physiologischer Seite ließe sich Wiederholung durchaus charakterisieren. Wenn ich etwas wiederhole, dann ist einiges an einer Handlung schon zur Routine geworden, sie erfordert nicht mehr soviel Aufmerksamkeit und Engagement. Ich muß nicht auf überraschende und eventuell unannehmliche Neuigkeiten gefaßt sein. Dadurch bin ich in einer Wiederholungssituation in der Lage, mich auf Neues besser einzustellen und die Situation im Hinblick auf das Neue auch umzugestalten. Nicht selten ist die Befassung mit einer alten Situation auch Ausdruck der Hoffnung, sie im zweiten Angang mehr zu meinen Gunsten lösen zu können. Auf verschiedene Weise ist also mit der Wiederholung eine Empfindung von Annehmlichkeit verbunden. Wiederhole ich eine Handlung, so benötige ich dafür weniger Energien und kann auf Routine zurückgreifen. Insofern kann Wiederholung ihre eigene Befriedigung mit sich bringen, unabhängig davon, auf welchen Gegenstand oder welche Handlung sie sich richtet.

Damit beginnt allerdings das Verwirrspiel für unsere Lebensentscheidungen, bei dem plötzlich nicht mehr einfach nach Inhalten und Gegenständen sortiert werden kann, sondern das Unangenehme, wenn es denn wiederholt wird, bis zu einem gewissen Grade auch annehmliche Aspekte aufweisen kann. Das erinnert an die Struktur des »double-bind«, bei dem unangenehme und angenehme Aspekte zugleich von einem Gegenstand ausgelöst werden, so daß wir uns nicht von ihm lösen können. Dostojewski berichtet ähnliches über Freundschaften, bei denen keiner ohne den anderen, aber auch keiner mit dem anderen leben kann.

Auf Lebenskunst bezogen, ließe sich formulieren, daß die Wiederholung auch die Chance für einen Neuanfang bietet, da das Neue dann in die alten Strukturen eingebettet werden und damit wirklich in seiner Kraft als Neues erscheinen kann. Würde das Neue alles vereinnahmen, so würde das stattfinden, was sich viele zwar wünschen, was letzten Endes aber unseren Konzepten von persönlicher Identität widerspricht, nämlich der Verlust der Biographie, des Gedächtnisses und der Einordnung des Neuen in einen allgemeineren Lebenszusammenhang.

Wenn Liebe nicht befohlen werden kann

Immanuel Kant hat daran erinnert, daß Liebe nicht befohlen werden kann. Das klingt einleuchtend, da ja gerade das Unerwartete, Plötzliche und Überraschende der Liebe, das man sich oft nur durch das Getroffensein durch einen vergifteten Pfeil (von Amor) verständlich machen konnte, eine Selbststeuerung der Liebe aufgrund einer Aufforderung nahezu unmöglich erscheinen läßt. Natürlich kann der Satz von Kant benutzt werden, um gegen eine ganze Religion, eine Religion der Liebe, zu munitionieren. Wenn es bei Lucas (12) heißt, »Du sollst Gott von ganzem Herzen lieben und deinen Nächsten wie dich selbst«, dann scheint dieser Satz gegen Kants These von der Nichtbefehlbarkeit der Liebe zu verstoßen. Folgt man Kants Behauptung, dann baut das Christentum auf einer völlig falschen Aufforderung auf, nämlich auf der Aufforderung zur Liebe, wo diese doch gar nicht befohlen werden kann. Natürlich kann man diese Problematik aufdröseln und zeigen, daß es ein großer Unterschied ist, ob man dazu auffordert, ein Versprechen, das im Rahmen der Liebe gegeben wurde, auch einzuhalten, oder ob versucht wird, das akute Feuer der Liebe durch Gehorsamkeit gegenüber einem Befehl erneut anzufachen. Dies gäbe Gelegenheit zu mehreren gelehrten Büchern, aber natürlich kann man etwas an den Rahmenbedingungen der Liebe tun. Auch im Islam gilt die Liebe zu Gott als höchste Weisheit. Religion wird damit zur höchsten Liebes- und Lebenskunst. Endet hier aber alle Kunst, wenn Liebe nicht befohlen und ein Können in diesem Bereich gar nicht entwickelt werden kann? Über die Liebe ist sehr viel Weisheit gesammelt worden. Die Differenz zwischen Religion und der Liebe zu einem Partner wurde aber oft nicht deutlich gemacht. Die Weisheit in Fragen der Liebe äußert sich dann in immer wiederkehrender Beschwörung der Geduld des Wartens, der Ausdauer, aber dann auch der Treue und der Beharrlichkeit. Auch wenn Liebe nicht befohlen werden kann, so kann man doch dafür sorgen, auf sie vorbereitet zu sein. Schlecht wäre es, man würde aufhören, den Erwarteten zu erwarten und würde ein Weltbild entwerfen, in dem dieser gar nicht mehr vorkäme. Solch ein Weltbild könnte z. B. vorliegen, wenn man die Welt ganz von sich aus deuten wollte, ohne es auch einmal aus der Perspektive des Anderen, des Erwarteten zu versuchen. Kants Idee, doch einmal zu versuchen, was herauskommt, wenn ich nicht meine Vorstellungen als von der Welt abhängig, sondern die Welt als von meinen Vorstellungen abhängig ansehe und der dazu führt, daß ich in den Mittelpunkt trete und statt der Haltung des Erwartens die des immer schon Bescheidwissens, die des Apriori, einnehme, ist natürlich eine Haltung, die als das Gegenteil der Vorbereitung zur Liebe angesehen werden kann. Man kann sich darüber streiten, inwieweit manche Aspekte der Liebe befohlen werden können. Außer Zweifel steht aber die Tatsache, daß der Versuch, die Welt nur von mir aus, vom Ich aus zu denken, den Liebesaufforderungen erheblich im Wege steht.

Das Ich und die Lebenskunst

Unter dem Stichwort »Ich« wird nur ein Teil unserer Handlungs-, Denk- und Fühlmöglichkeiten abgerufen. Unser Gehirn hat mehr Möglichkeiten als unter dem Wort »Ich« und gar auch unter dem Wort »Selbst« gespeichert ist. Damit ist auf eine potentielle Beschränkung der Lebenskunst hingewiesen, wenn sie sich als Sorge für das Ich oder das Selbst darstellt. Diese Einschränkung muß bewußt bearbeitet werden, damit Lebenskunst nicht zur kleinlichen Einschränkung auf meine Ich-Interessen wird, da sonst die interessantesten und größten Lebensentwürfe, die sich manchmal auf ganz anderes beziehen, dabei aus dem Blick geraten könnten. Kaum ein anderer hat die Beschränktheit der Ich-Perspektive so brillant herausgearbeitet wie Michel Foucault, wenn er darauf hinweist, daß mit den Kontrollfunktionen des Ich die Kontrollmechanismen der Gesellschaft gefördert werden, welche auf Überwachen, Strafen und Ausgliedern hinauslaufen. Seine Kritik an den Ich-Philosophien geht so weit, daß er von der Zeit nach dem Ich oder gar nach dem Menschen spricht. Schon Heidegger, dem die Rede vom Ich besonders verdächtig war, hat mit seinen Versuchen, andere Ansätze im Denken zu finden, Foucault stark beeinflußt. Foucault hat daran gearbeitet, ich-philosophische Ansätze zu überwinden und die Frage aufgeworfen, ob das Konzept des Ich nicht schon zu Aussonderungen gesellschaftlicher Randgruppen führt. Diese Impulse brachte er in Psychiatrie und Strafvollzug ein. Diese Ethik des Denkens ist für uns heute von großer Bedeutung. Foucault ist der Begründer einer Lebenskunst geworden, die unter der Überschrift »Sorge um sich selbst« eine umfangreiche Beschreibung für das Selbstverhältnis des Menschen und die damit verbundene Lebenskunst lieferte. Lebenskunst befindet sich in einer gewissen Sprachnot, was das Ich, den vermeintlichen Herrscher über die eigenen Lebensentscheidungen angeht. Sieht sie sich doch einer philosophischen Tradition gegenüber, welche das Ich nicht nur für Entscheidungen, sondern auch für die Ausgliederung anderer begrifflich konstituiert hat. Die Lebenskunst bei Foucault kann uns davor bewahren, in den schrecklichen Antagonismus von Ich und Anderen wie zu schlechten Zeiten des Philosophierens zurückzufallen.

Die Lebenskunst und die zwei Entscheidungen des Lebens

Mit den Themen Liebe und Beruf läßt sich bereits der Horizont des Lebens abstecken. Emotion und Vernunft, beides ist in beiden Themen versteckt. Die Ausbildung und die Fähigkeit zu beiden Entscheidungsbereichen liegen oft im argen. Was die Partnerschaft und die Liebe angeht, so hat die Schule zwar die biologische Sexualkunde eingeführt, andererseits aber all jene Lehrstoffe, welche die Emotionalität fördern und entwickeln, weit zurückgedrängt. Lyrik, Romane, Mythologie und Religion werden eher als Gegenstände kritischer Analysen behandelt, als daß an ihnen ein Zusammenspiel von Emotionalität und Vernunft geprobt würde, welches für das Leben tauglich sein könnte.

Bei der Frage, nach welchen Aspekten man seinen Beruf fürs Leben auswählen soll, tappen Schüler häufig völlig im dunkeln. Naturgegeben bestehen Unsicherheiten hinsichtlich der eigenen Begabung und Durchhaltevermögens, wenn es z.B. um die Wahl einer außergewöhnlichen Karriere als Künstler, Forscher oder Manager geht. Psychologen auf den Arbeitsämtern geben sich große Mühe, persönliche Begabungsprofile und Berufsbilder zu einer gewissen Deckung zu bringen. Interessanterweise sind aber viele Schüler bei der Frage des Umgangs mit eigenen Emotionen und Motivationen relativ hilflos. Wenn dann ein Begabungsprofil und ein Berufsbild zur Deckung gebracht sind und ein bestimmter Beruf nahegelegt wird, sind sie z.B. oft unsicher, ob sie denn überhaupt den Beruf wählen sollten, für den die beste Begabung vorliegt. Soll man sich nicht lieber etwas beweisen und zeigen, daß man auch auf den Gebieten, in denen die Begabung nicht so ausgeprägt ist, etwas erreichen kann? Nicht selten hört man, es sei doch langweilig, das zu tun, was man schon könne, schöner wäre es, eine echte Herausforderung auf sich zu nehmen. Dabei wird übersehen, daß es eine äußerst spannende Herausforderung sein kann, mit einer punktuellen Begabung in einem bestimmten Bereich relativ schnell voranzukommen und dann auszukundschaften, wie man mit den besonderen Talenten und Erfolgen, und dies erfordert jetzt eine besondere Intuition, Fingerspitzengefühl und Begabung, weiter vorankommen kann. Nicht um einem Egoismus zu frönen, den man gegenüber seinen Freunden sich nicht zugestehen möchte, sondern vielleicht, um in Positionen zu gelangen, von denen aus man anderen helfen oder Dinge verwirklichen könnte, die einem wichtig sind. Leider werden aber aus der Angst heraus, durch »zu gute« Leistungen aufzufallen und damit Thema der Freunde zu werden, bisweilen Berufswege gewählt, bei denen man von vornherein sicher sein kann, daß man durch besondere Leistungen nicht auffallen wird.

Die auf Java übliche Haltung, selbstverständlich einen Berg der Umgebung nicht zu besteigen, weil man ja sonst aus dem Schnitt der Dorfbevölkerung herausfallen würde, findet sich also durchaus auch in unserer europäischen Jugendkultur. Sich Freunde zu bewahren, ohne sie über narzißtische Projektionen an den Erfolg zu binden (oder abzustoßen), stellt eine interessante und innovative Herausforderung für die Kunst zu leben dar.

Auf Vollkommenheit gerichtete Komplexität

In der gegenwärtigen Zeit, in der der Ich-Begriff ins Schwanken gerät, ist für nicht wenige das neuronale Netzwerkmodell von großer Attraktivität. In ihm kann Einheit bewahrt werden, auch wenn diese als nicht einem einzelnen Punkt entspringend gedacht wird, und es ist von Interesse, diesen Fortschritt im Denken begrifflich zu fassen. Während man sich lange mit der Entgegensetzung von Einheit und Mannigfaltigkeit abplagte, und in dieser Zweiteilung in der mißlichen Lage zu sein schien, eins dem anderen jeweils opfern zu müssen, ist der Komplexitätsbegriff der Naturwissenschaften, Neurowissenschaften und Chaosphysik eher geeignet, das Zusammenhängende herauszuarbeiten, ohne daß jeweils ein Punkt, der alles zusammenhält, dabei gedacht werden müßte. Die entscheidende Einsicht liegt darin, daß Einheitsbildung auch in der Differenzierung liegen kann, ja darin sogar eine große Stärke von Einheitsstiftung entfaltet werden kann. Wer sich im Fall von »Differenzen« auf den Gedanken von Einheit zurückzieht, läuft Gefahr, in einer Zweiteilung Vielfalt und Einheit gleichermaßen zu verlieren. Aus diesem Grunde erscheint es empfehlenswert, sich eher an einem Begriff von Komplexität zu orientieren, in welchem nicht das sture Sich-Ausrichten auf Einheit, sondern auch die Differenzbildung Moment einheitsstiftenden Tätigseins sein kann. Im Konzept von Komplexität, die auf Vollkommenheit gerichtet ist, scheint eine Möglichkeit von Integration und Bewahrung auf, die in ihrem Differenzierungsangebot, wie es auf seiten der Natur- und Computerwissenschaften vorliegt, für die politische und gesellschaftliche Theorie noch viel zu wenig aufgegriffen wurde.

Natürlich gibt es Menschen, welche Differenzen gleichsam spielerisch zu ertragen scheinen. Dieses scheint aber nur auf der Basis massiver Abtrennungen, Abspaltungen und Abfuhr (um es populär zu formulieren, orientierungsweise: »Sex and drugs and rock and roll«) gelingen zu können. Es besteht kein Zweifel, daß die Abhängigkeit von Medikamenten sowie die überzogene Suchtgestalt im Leben nicht als optimale Basis für Integrationsprozesse anzusehen sind. Insofern könnte die Formulierung »Auf Vollkommenheit gerichtete Komplexität ohne Abfuhr«, d. h. also, ohne ein störendes und zugleich alibihaftes Unbewußtes, eine Orientierung sein. Die bloße Anrufung des Ich als Entscheidungsinstanz wird nicht nur von der Hirnforschung in Frage gestellt und liefert auch hinsichtlich der Entscheidungsinhalte keine überzeugende Gestalt. So ließen sich Verwicklungen in Selbstbezüglichkeit vermeiden, die sich aus einem Ich-Konzept, das ohnehin nicht voll expliziert werden kann, schnell ergeben. Ich finde, daß dieses Konzept daher existentiell und rational zugleich eine interessante Orientierung für die Kunst von Leben und Sterben bieten kann. Diese nicht beherrschbare Komplexität führt, ich möchte es nicht verschweigen, möglicherweise zu einem Gottesbegriff, der anschlußfähig an den Wissens- und Erfahrungsstand unseres Jahrhunderts ist. Komplexität ist ein wohl untersuchtes, aber noch weiter zu untersuchendes Gebiet der Naturwissenschaften, und die Psychoanalyse hat mit dem Thema Abfuhr reiche Erfahrungen. Beides sollte in einer heutigen Diskussion, über die richtige Weise zu leben, behandelt werden.

»Laß Dir Zeit!«

Der Philosoph Ludwig Wittgenstein betrachtete Philosophie nicht als Beitrag zur Lebenskunst, sondern mehr noch als eine Form von Therapie. Der Philosoph solle Arzt sein. Probleme wären wie eine Krankheit zu behandeln. Es ging ihm daher weniger um deren Lösung als um deren Abschaffung. Waren Probleme nicht zu lösen, so sollte man sie wenigstens abschaffen. Daß dies nicht einfach zu bewerkstelligen war, wußte Wittgenstein. Er sagte daher: »Der Gruß der Philosophen untereinander sollte sein: ›Laß Dir Zeit!‹« Darin steckt nicht wenig Weisheit, denn der Versuch, Probleme schnell zu lösen, erzeugt Hektik, die selbst zum Problem werden kann oder Ursprung zahlreicher Probleme ist. Sicherlich führt ein wesentlicher Weg zur Gelassenheit über die Zeit. Wer die Gelassenheit schnell finden will, hat sie schon verpaßt. Die gesteigerte Form der Gelassenheit besteht darin, gar nicht mehr auf der Lösung der Probleme beharren zu wollen.

Nicht jeder wird die Lösung eines Problems durch die Abschaffung eines Problems akzeptieren wollen. Bisweilen entdecken manche in dieser Technik jedoch die Öffnung in eine völlig neue Lebensperspektive. Oft wird versucht, diese mit Diät oder Askese herzustellen. Das Problem des Entbehrens wird immer dringender, die Seele sucht verkrampft nach einer Lösung. Dann zu sagen, dieses sei doch gar nicht wichtig, kann als Befreiung empfunden werden, so, wie der spätere Buddha sich entscheidet, jenseits der Frage von Askese oder nicht Askese zu leben. Die Abschaffung des Problems war hier die Lösung. Hier treffen sich Buddha und Wittgenstein. Nicht jeder aber wird die Körperfülle des Buddhas in Kauf nehmen wollen, um sagen zu können, das Problem der Askese existiere nicht mehr.

»Durchstarten!«

Ein Fluglehrer ist mit seinem Schüler in einer zweimotorigen Maschine in der Nähe von Bonn unterwegs. Der Schüler absolviert seine Flugstunde und sitzt vorne am Steuerknüppel. Der Fluglehrer sitzt hinter ihm, gibt Anweisungen und kontrolliert, ob sie richtig ausgeführt werden. Zum Ausbildungsprogramm gehört auch die Simulation einer Notlandung. Sie wird dabei nicht vollständig durchgeführt, da dies zu gefährlich wäre und nur bei wirklicher Not als letzte Maßnahme riskiert werden darf. Es werden nur die ersten Schritte für die Einleitung einer Notlandung durchgeführt, danach wird sie strikt abgebrochen. In diesem Fall wurde ein frisch gepflügter Acker angesteuert, der sich für eine Notlandung natürlich schlecht eignet, da die aufsetzenden Räder kaum Ausrollmöglichkeiten haben, sondern sich vielmehr gewöhnlich festfahren, so daß das Flugzeug sich überschlägt oder anderweitig zu Bruch geht. Wenn ein Flugzeug abzustürzen droht, ist die Überlebenschance bei einer Notlandung auf einem Acker größer, als wenn man aus großer Höhe z. B. bei Motorausfall oder Spritmangel plötzlich »abschmiert«. Menschliche Handlungen haben nun die Eigenart, daß man sie gerne zum Abschluß bringt. Ein einmal eingeleitetes Notlandeprogramm hat, wie alle komplexen Muster möglicher Handlungen, eine »innere Tendenz« zur Vervollständigung, so daß der Abbruch dieses Handlungsprogramms eigens und strikt thematisiert werden muß. Man weiß von der englischen Bomberflotte, daß es mehrere Abstürze gab, weil es beim übungsweisen Ausschalten der Motoren während des Fluges nicht selten vorkam, daß, statt nur drei der vier Motoren auszuschalten, bisweilen auch der vierte ausgeschaltet wurde, weil dies eben im »Vollständigkeitskalkül« des menschlichen Handelns so enthalten ist. Werden alle vier Motoren ausgeschaltet, dann fehlt jedoch ein Kraftspender, der das Wiederanwerfen der Motoren ermöglicht. Sind drei ausgeschaltet, dann wäre dieses möglich. Im Zweiten Weltkrieg sollen ca. ein Dutzend englische Bomber abgestürzt sein, weil der Pilotenfehler der Handlungsvollständigkeit zum Zuge kam. Ähnlich ist es bei dem Programm der Notlandung, bei dem in diesem Fall der Schüler, statt die Notlandung abzubrechen, die halsbrecherische Ansteuerung des frisch gepflügten Akkers fortsetzte, so daß der Fluglehrer machtlos immer nur rufen konnte: »Durchstarten! Durchstarten! Durchstarten!« Wie magisch, von welchen tieferen Kräften auch immer, vom braunen Acker angezogen, setzte der Schüler die Maschine im frischen Erdreich auf und machte eine Bruchlandung, bei der Motor, Treibstofftank und Cockpit in Flammen aufgingen. Der Schüler starb sofort, der Fluglehrer erlitt schwerste Verbrennungen. Als die Hilfs- und Rettungskräfte eintrafen, rief der Fluglehrer wiederholt weiter: »Durchstarten! Durchstarten! Durchstarten!«, obwohl es dafür natürlich zu spät war. Er starb auf dem Weg ins Krankenhaus.

Man könnte geneigt sein, dieses Verhalten des Fluglehrers als ein, wenn auch schreckliches, Beispiel für das Zuspätkommen im menschlichen Handeln anzusehen. Der Lehrer wollte nicht wahrhaben, daß das Unglück nun ablief und schon abgelaufen war, sondern beharrte auf seinem Imperativ »Durchstarten!«, als ob er damit auf dem unerbittlich einlinig ausgerichteten Zeitpfeil noch etwas ausrichten könne. Es war ähnlich wie bei dem Bau der Bagdadbahn in der Türkei, wo noch heute eine Brücke über die Schluchten der felsigen Gebirgslandschaft den Namen »Achtung-Brücke« trägt, weil hier ein deutscher Ingenieur beim Bau der Brücke über die hundert Meter tiefe Schlucht einen Fehltritt machte und im Sturz noch »Achtung!« rief.

Auch hier versucht der Betroffene offenbar, sich dem Unfaßbaren durch Handlungsimperative zu widersetzen und das Geschehene angesichts der Handlungsaufforderung als ungeschehen bzw. noch beeinflußbar erscheinen zu lassen. Auch hier könnte man geneigt sein, die Derridasche Philosophie des Zuspätkommens anwenden zu wollen und das Charakteristikum menschlichen Handelns in der oft pathologischen, wenn nicht sogar katastrophalen Verzögerung zu sehen. Vielleicht aber, und das ist eine Überlegung wert, finden auf dem Zeitpfeil nicht nur simple Verschiebungen (Verspätungen) statt, sondern wird beim menschlichen Handeln auch eine Vorstellung angestoßen, die für die betreffende Situation besonders wichtig sein könnte, die aber nur in einer Art Sonderfall diejenige ist, die schon zu einem früheren Zeitpunkt hätte zum Tragen kommen sollen.

Übergänge

Wenn es zum Zusammenprall verschiedener Rhythmen, einen Extremfall stellt sicherlich die Bewegung eines Flugzeugs und die Starrheit der Erde dar, kommt, dann wird das, was geschieht, nicht einfach nur im Kommentar als zeitliche Verzögerung zu beschreiben sein. Oft ist der tödliche Zusammenprall auch von wegführenden Kommentaren begleitet (die beim Fensterputzen abgestürzte Hausfrau sagt zu den herbeieilenden Helfern: »Holt den Sonntagsbraten vom Herd!«; der schwerverletzte Motorradfahrer fragt den hinzutretenden Notarzt: »Wie geht es meiner Kawasaki?«; der deutsche Offizier, der seinen Fahrer beim Einfahren in die Kommandantur auffordert: »Der Wachtposten kennt mich, fahren Sie ruhig durch!« und der dann doch nicht vom Wachtposten erkannt und sofort in den Rücken geschossen wurde, sagt sterbend: »Gut geschossen!«). Auch wenn die Kommentare beim Zusammenprall bisweilen aus der Situation herausführen und nicht mit einem bloß zeitlichen Verzögerungsmodell zu beschreiben wären, so zeigen sie, welche dynamische Bewegung der Zusammenprall hervorruft und daß diese nicht einfach als Dialektik oder tragischer Zusammenbruch in der Wahrnehmung der Menschen beschrieben werden kann. Neue Perspektiven, Kommentare aus dem Allgemeinen usw. stehen unserem Gehirn genauso zur Verfügung wie die Artikulation des Selbstinteresses, das gerade in solchen Extremsituationen oft noch auf die kognitiven Inhalte gerichtet ist, die dem Allgemeinen verpflichtet scheinen. Friedrich Hölderlin weist mit seinem gesetzlichen Kalkül, welches beschreiben soll, was geschieht, wenn verschiedene Rhythmen aufeinanderprallen, über die Engführung der Dialektik genauso hinaus wie über die Engführung einer bloßen Rede vom Ich. Die obengenannten Beispiele zeigen eine zugleich befreiende wie beunruhigende Unabhängigkeit (Freiheit?) unserer Software von unserem Organismus.

Für manche besteht die Lebenskunst darin, auf die eigene »Seele« zu hören und die Widrigkeiten, die sie mit ihrem eigenen Körper erfahren müssen, möglichst weitgehend zu ignorieren. Andere wiederum meinen, auf das eigene Lebensgefühl und die Körpergefühle hören zu müssen und dem Leib im Leben Entscheidungsfunktionen zukommen lassen zu müssen. Die Sachlage läßt sich heute etwas differenzierter darlegen, da wir nicht mehr nur zwischen Leib und Seele, sondern auch noch zwischen Leib und Gehirn zu unterscheiden gelernt haben. Früher galt es als Ausdruck der völligen Überlegenheit der Seele und des Geistes, daß der Mensch auch bei schwerstem Verfall seines Körpers sich noch im Nachdenken über die Welt erfreuen kann. Hierzu muß gesagt werden, daß in solchen Fällen, beispielsweise beim von Krebsmetastasen zerfressenen Körper, im allgemeinen das Gehirn verschont geblieben ist und auf diese Weise der Teil des Körpers, den wir als Gehirn bezeichnen, weiter seinen Funktionen nachgehen kann, so daß nicht ohne weiteres von einer Überlegenheit des Geistes, sondern von einer Verschontheit des Gehirns in vielen Fällen zu reden ist. Diese Unterscheidung ist wichtig, da in manchen Fällen auch umgekehrt das Gehirn betroffen sein kann und die entsprechende Person in ihren geistigen Vermögen zutiefst beeinträchtigt ist, auch wenn der übrige Körper intakt zu sein scheint. Dies ist z. B. dann der Fall, wenn Hirnregionen betroffen sind, die für die Willensentwicklung von besonderer Bedeutung sind, wie das limbische System oder Teile des Stirnhirns, und der davon betroffene Mensch auf die Aufforderung hin, »Nun reiße dich doch zusammen und entwickle doch Willensstärke!«, keine entsprechenden Tätigkeiten verrichten kann. Lebenskunst kann also nicht einfach nur durch die

Beschwörung von Geist und Seele gelingen, da deren Kräfte von einigen Körperfunktionen unmittelbar und insbesondere vom Gehirn abhängig sind. Damit steht dem Menschen allerdings die Möglichkeit des eigenen Verfalls bis zur Zerstörung der personalen Identität (zumindest in dieser Welt) bei schweren Hirnerkrankungen unabweisbar vor Augen, so daß für die Frage der Lebenskunst Sterben und Zerfall nicht einfach durch ein Plädoyer für eine Orientierung an der eigenen Seele oder am eigenen Körper beantwortet werden kann. Der Verlust einer Orientierung an dem Konzept Seele, das unseren Verfall auf Erden bedauern könnte, führt bei vielen, die den Verfall nicht vor Augen haben möchten, zur schnellen Forderung nach aktiver Sterbehilfe. Es ergibt sich dann allerdings die Frage, in welchem Maße damit Brutalität in unserem Leben aufbricht, nicht nur in bezug auf die Faktizität, daß irgend jemand diese aktive Sterbehilfehandlung ja auch vollziehen muß, sondern auch im Hinblick darauf, daß kompensatorische Entwürfe von Sinn für diese Welt immer spärlicher entwickelt werden. Vielen mag das passend sein, insbesondere wenn sie unter dem Spruch »Nach mir die Sintflut« die partielle Lebensbejahung zelebrieren möchten. Die Frage ist jedoch, ob unsere Gesellschaft nicht insgesamt und nicht nur in den Extremsituationen des Sterbens unduldsam wird gegenüber den für die Genüsse des Leibes oder des Geistes nicht unmittelbar ersprießlichen Situationen. Manch einer mag darin natürlich eine Befreiung von Sinnauferlegungen für unser Leben entdekken wollen. Diese radikale Befreiungsgeste könnte in ihrem Kältehauch bei uns Warmblütern jedoch mitunter zu schwer kalkulierbaren Reaktionen führen.

Fallgeschichte

In dem zu berichtenden Fall eines Neurofachmannes traten nach der Operation eines schwarzen Hautkrebses Metastasen im Gehirn auf. Sie waren im Schläfenlappen und in der Mantelkante der rechten Hirnhälfte lokalisiert. Im Schläfenlappen fand sich eine 3 bis 4 mm große Metastase, die hinter dem Hippocampus gelegen war und sicherlich eine Funktion betraf, die mit der Integration von Persönlichkeitsmomenten zusammenhing. Auch die Metastase an der Mantelkante war nicht weit von limbischen Strukturen entfernt, so z. B. von Ausläufern der Fornix. Da die Metastasen sehr frühzeitig bei einer routinemäßigen Kernspinkontrolle entdeckt wurden, lagen deutliche subjektive Beschwerden noch nicht vor. Es ergab sich die Frage, wie therapeutisch vorzugehen war. Der Hautkrebs war schon in Leber, Milz, Wirbelsäule und Röhrenknochen hineinmetastasiert, und für die Prognose war sicherlich die ausgedehnte Metastasierung in der Leber von entscheidender Bedeutung. Von den Neurofachleuten wurde sogleich die Anwendung eines Gamma-Knife empfohlen, also die Behandlung mit Gammastrahlen, welche die Metastasen im Gehirn wegbrennen sollten, außerdem wurde eine Ganzhirnbestrahlung empfohlen, welche die zu vermutenden weiteren Metastasen im Keime treffen sollte. Die Diagnose der Metastasen war zu einem Zeitpunkt gestellt worden, als ohnehin schon die siebte Chemotherapie stattgefunden hatte. Mit einem Neurologen, der sehr bedachtvoll an die Sache heranging, wurde sogar besprochen, eventuell ein gemeinsames »Paper« zu fabrizieren, in dem die Frage der kognitiven Beeinträchtigung durch Bestrahlung des ganzen Gehirns aus subjektiver und objektiver Perspektive debattiert werden sollte. Abzuwägen war noch die Frage, ob man die Gamma-Knife-Behandlung der selektiven Metastasenzerstörung mit der Ganzhirnbestrahlung kombinieren sollte oder nur eine der beiden Techniken zur Anwendung bringen sollte. Das beratende Gespräch mit der Oberärztin der radiologischen Abteilung, in der die Bestrahlung durchgeführt werden sollte, erbrachte jedoch ein ganz anderes Ergebnis. Sie wies darauf hin, daß die Lebermetastasen bei der weiteren Lebensprognose entscheidend seien und daß die Problematik von seiten des Gehirns im Hinblick hierauf eher als nur nachfolgend einzustufen sei. Außerdem könne man zu jedem Zeitpunkt, wenn denn Beschwerden auftreten würden, wie epileptische Anfälle oder Ausfälle von Funktionen oder Lähmungen, immer noch eine Ganzhirnbestrahlung beginnen. Da der betreffende Patient nicht die Lebenslänge und auch nicht die Lebensqualität, sondern allein das Erhaltenbleiben der Kognition zur Orientierung machen wollte, und die Lebenslänge ohnehin nicht durch die Hirnpathologie beeinflußt wäre, entschied er sich, im Einvernehmen mit der Oberärztin, gegen eine Ganzhirnbestrahlung und für die Fähigkeit zur Selbstbeobachtung, die durch die Bestrahlung vielleicht verlorengegangen wäre.

»Should your life be a tragedy, be its own spectator!« lautete der Satz in einer Einleitung zur englischen Ausgabe der Werke von Oscar Wilde, der auch ihm (dem Krebspatienten) entscheidende Lebensorientierung gewesen war. Nicht die absolute Verhinderung tragischer Lebensmomente, sondern der volle Einsatz für die Bewahrung der Beobachterperspektive erschien ihm vordringlich. In der jetzigen Situation war ihm die Frage der Versorgung der Familie und damit auch unter Umständen verlängerter Lebenszeit (Gehalt) wichtig, so daß er sogar im Koma hätte für die Familie sorgen mögen. Auf ihn selbst bezogen war ihm jedoch nicht die Bewahrung allgemeiner Lebensqualität, sondern die der Kognition mit der Fähigkeit zur weiteren Registrierung seiner Situation entscheidend. Er hatte sich keinen Sekundentod gewünscht, sondern eine Krankheit, die es ihm ermöglichte, sein Sterben wahrzunehmen. Dieser Wunsch wurde ihm erfüllt, und er wollte ihn nicht durch ein fragliches Bestrahlungsmanöver zunichte machen. So kam es, daß er für den weiteren Verlauf seiner Erkrankung gleichsam ein Tagebuch seiner subjektiven Erfahrungen in bezug auf die Hirnsymptome beginnen konnte.

Traum vom 4. 12. 2004

Er geht durch die Felder und sieht eine weibliche Person ohne Mund und spricht mit ihr. Sie ist in der Lage, anhand des Inhaltsverzeichnisses ihm einiges zu erklären. Es geht um den ersten Text von Band IV von Franz Xaver von Baader, um eine Stelle, an der die Seite umgeschlagen wird, wo aber offenbar auch Friedrich Wilhelm Schelling und Ernst Cassirer auf der zweiten Seite erscheinen, wobei nicht klar ist, ob sie die Nummer fünf einnehmen. Baader selber nimmt aber die Nummer vier ein. Das Gesicht der Person ist wie eine Marmorkugel ohne Mund. Der Träumer weiß, daß er einen Kuß darauf setzen muß, damit sie sprechen kann und einen Mund bekommt, und er weiß, daß sie seine Seele ist.

Interpretation: Er erfährt, daß das Vierte bei ihm die Sprache war, was verdrängt war, obwohl er soviel gesprochen hatte, denn er hat seiner Seele etwas Wesentliches nicht eingestanden. Das Vierte als Funktion kann nicht einfach nur als Sprache definiert werden, sondern muß im Zusammenhang des Ganzen auch als Bezug zur eigenen Seele verstanden werden. Es erweist sich, Ethik und Ich-Konstituierung müssen ein und derselbe Prozeß sein. Es ist die Ethik, was die Seele sich selber nicht verbergen darf.

Ich-Konstituierung und Alteritätssuche, die nicht schon im Ursprung zugleich ethische Prüfung der eigenen Verfassung sind, können die Ethik im zweiten Schritt nicht mehr einholen. Selbstliebe erweist sich als Liebe zur Ethik und umgekehrt. Manche Probleme der Kommunikation können dadurch entstehen, daß einer seine Seele nicht liebt und der andere nur seine Seele liebt. Die Frage, ob Narzißmus oder nicht Narzißmus vorliegt, wird damit aber noch nicht zur grundlegenden Frage. Für die menschliche Kommunikation vielmehr ist das Aufeinandertreffen beider Charaktere erst dann problematisch und in der Fülle der Schärfe der Auseinandersetzung aufeinanderprallend, wenn beide Formen der Weltkonstituierung ohne primären Bezug zur Ethik realisiert werden. Vielleicht ist es diese Stelle in der Verwicklung von Selbstliebe und Anderenliebe, in der aus früherer Sicht das Geschehen der Sünde stattfinden konnte, welches der Ursprung unserer Kommunikationsschwierigkeiten ist.

Drei Tage nach dem Traum rief der Träumer einen Freund an und erzählte ihm die Geschichte. Spaßeshalber merkte er an: »Nun schau doch mal nach, du hast doch *Sämtliche Werke* von Franz Xaver von Baader, was im Band IV steht.« Interessanterweise handelte das erste Kapitel in Band IV, der die *Gesammelten Schriften zur Philosophischen Anthropologie* enthält, sogleich vom unbewußten Sprechen und dem Magnetismus (s. Inhaltsanzeige des vierten Bandes: I. *Ueber die Ekstase oder das Verzücktsein der magnetischen Schlafredner;* III. *Ueber Divinations- und Glaubenskraft;* IV. *Ueber den inneren Sinn im Gegensatze zu den äusseren Sinnen;* V. *Ueber die Abbreviatur der indirecten, nicht intuitiven, reflectirenden Vernunfterkenntnis durch das directe, intuitive und evidente Erkennen*). Das letzte Kapitel IX. *Ueber den Begriff der Ekstasis als Metastasis*) handelt von der Ekstase, wie sie bei Baudrillard später aufgegriffen wurde und dort sämtliche

Lebensbezüge sprengt. Die beiden Freunde waren schon sehr verwundert über das Ergebnis. Der Traum teilte mit, daß zuviel gesprochen und nicht mit der eigenen Seele geredet wurde, daß Sprache gleichsam wie ein elektrisches Phänomen aufgetreten war, so daß sich diese zur Ekstase entwickeln konnte. Probeweise wurde der Band VIII aufgeschlagen, der aber keinen unmittelbaren Bezug zur Traumthematik aufwies. Nun weiß man, daß eigentlich jedes Wort mit jedem irgendeine Verbindung und Bedeutungsaufladung eingehen kann. In diesem Fall war die tiefere Beziehung zwischen Traum mit dem darin genannten Buch und dem wirklichen Buchinhalt jedoch verblüffend. Daraus soll keine Magie abgeleitet werden. Leben zeigt sich manchmal jedoch in seltsamen Verdichtungen.

Hölderlin als Hirnforscher

1. Poetik, Gehirn und das Ganze

»So wie nämlich immer die Philosophie nur ein Vermögen der Seele behandelt, so daß die Darstellung dieses Einen Vermögens ein Ganzes macht, und das bloße Zusammenhängen *der Glieder* dieses Einen Vermögens Logik genannt wird, so behandelt die Poesie die verschiedenen Vermögen des Menschen, so daß die Darstellung dieser verschiedenen Vermögen ein Ganzes macht, und das Zusammenhängen *der selbständigeren Teile* der verschiedenen Vermögen der Rhythmus, im höhern Sinne, oder das kalkulable Gesetz genannt werden kann.«
(F. Hölderlin, *Anmerkungen zur Antigonae*, 1.)

»Deswegen und aus höheren Gründen bedarf die Poesie besonders sicherer und charakteristischer Prinzipien und Schranken.
Dahin gehört einmal eben jener gesetzliche Kalkul.
Dann hat man darauf zu sehen, wie der Inhalt sich von diesem unterscheidet, durch welche Verfahrungsart, und wie im unendlichen, aber durchgängig bestimmten Zusammenhange der besondere Inhalt sich zum allgemeinen Kalkul verhält, und der Gang und das Festzusetzende, der lebendige Sinn, der nicht berechnet werden kann, mit dem kalkulablen Gesetze in Beziehung gebracht wird.«
(F. Hölderlin, *Anmerkungen zum Oedipus*, 1.)

»Dadurch wird in der rhythmischen Aufeinanderfolge der Vorstellungen, worin der *Transport* sich darstellt, *das, was man im Sylbenmaße Zäsur heißt*, das reine Wort, die gegenrhythmische Unterbrechung notwendig, um nämlich dem reißenden Wechsel der Vorstellungen, auf seinem Summum, so zu begegnen, daß alsdann nicht mehr der Wechsel der Vorstellung, sondern die Vorstellung selber erscheint.«
(F. Hölderlin, *Anmerkungen zum Oedipus,* 1.)

In der gegenwärtigen Hirnforschung gibt es Theorien, die sich an ganzheitlichen Konzeptionen orientieren. So greift z. B. Jason W. Browns mikrogenetisches Modell auf die ganzheitlichen Traditionen der Würzburger Psychologenschule (insbesondere Oswald Külpe) zurück. Der Emigrant und Kinderpsychologe Heinz Werner hatte das Konzept der Aktualgenese dieser Psychologenschule mit in die USA genommen. Diesem Konzept zufolge wird bei der Verwirklichung eines mentalen Aktes jeweils die ganze Phylogenese durchlaufen bzw. wiederholt. Dies bedeutet, anders formuliert, daß bei der Differenzierung eines Gedankens das ganze Gehirn beteiligt ist. Heinz Werner benutzte anstelle des Wortes Aktualgenese den Ausdruck Mikrogenese bzw. Microgenesis. Damit war gemeint, daß die Aktualgenese den Weg der Differenzierung vom Ganzen zum Teil, zum Kleineren beschreitet. Dieses Konzept wurde von Jason W. Brown aufgegriffen und zu einer ausführlichen Theorie der Kognition und ihrer Störungen entfaltet. Die Relation vom Ganzen zum Teil spielt dabei eine durchgehende Rolle. Ein ähnliches Konzept wird von Gerald M. Edelman und Giulio Tononi vertreten, die in der »Group-Selection-Theory« beschreiben, wie aus dem Gesamt der Hirnaktivität Gruppen neuronaler Aktivität ausgewählt werden und damit die mentale Tätigkeit begründen.

Ich denke, daß die Hirnforschung viel dadurch gewinnt, daß sie sich der Dimension der Ganzheit des Gehirns öffnet, weil sie damit für einzelne Vorgänge im Gehirn die Dimension der Verrechnung über das gesamte Gehirn nicht unbeachtet läßt. Man muß allerdings bedenken, daß die praktische Berechenbarkeit in einem derartigen Modell an ihre Grenzen stößt, auch wenn das Gehirn seine »Berechnungen« gerade auf diese Weise durchführt. Die Berechnungen über das Gesamt des Gehirns sind beim Gehirn nun einmal nur partiell explizit. Den nichtexpliziten Teil explizit zu machen, stellt die interessante Herausforderung der Hirnforschung dar. In unserem Leben wird dieser Prozeß der Verrechnung auf das gesamte Gehirn nicht zu vermeiden sein, auch wenn wir uns in unserem Leben auf »lokale« Ereignisse konzentrieren wollen. Der Versuch der Vermeidung der Gesamtverrechnung hat wegen der Grundanlage des Gehirns dann eben seine besonderen Folgen: Es kommt zur Verdrängung, zu Abspaltungen und dergleichen mehr. Unter Umständen kann das schlecht Zusammenpassende dann nur in einem erhöhten Erregungsniveau noch die Andeutung eines Gefühls von »Integration« hervorrufen. Das ist der Moment, wo die Diversifikationen des Berufslebens oder Privatlebens oder der Kombination beider zu einem erhöhten Aktivierungsniveau führen und alles nur noch dadurch zusammenhängt, daß immer mehr Tempo gesucht wird. Beim »Jetten« von einer Vortragssitzung zur anderen, auf denen man seine apollinisch gedrechselten Fieberkurven auf dem »Beamer« vorführt, kippt die Struktur des plural apollinischen in einen dionysischen Reigen über.

Dies bedeutet für unseren Alltag, daß auch kognitive Prozesse, die als »wohlgeformt« und im ersten Ansatz »lokal« charakterisierbar erscheinen, bei ihrer genaueren Bestimmung doch der Betrachtung des größeren Zusammenhanges bedürfen. Die Erkenntnis, daß viele Apolloi die Fragmente des zerstückelten Dionysos sein könnten, ist nur eine der vielen möglichen Einsichten, die dabei zutage gefördert werden können. Dieser Sachverhalt, in der Terminologie der Neurodynamik formuliert, will besagen, wobei ein gewisser Mut metaphorischer Gleichsetzung zur Verwendung kommt, daß verschiedene linear erscheinende Vorgänge auf nichtlineare Weise miteinander verbunden werden.

Greift man sich bei der Hirnanalyse einen speziellen kognitiven Prozeß heraus, so ist sicherlich einiges gewonnen, wenn man einen Bezug zur Gesamtaktivität des Gehirns herzustellen versucht. Dabei stellt die Erkenntnis, daß die Gesamtaktivität unter Umständen auch aus zahlreichen charakterisierbaren Einzelprozessen besteht, nur einen der möglichen Sonderfälle des Verhältnisses von Teil und Gesamt dar. Das in der Terminologie der Ingenieurtechnik keine Information tragende Rauschen der Hintergrundaktivität des Gehirns erweist sich nicht selten, wenn die Perspektive geändert wird, als eine durchaus geordnete Tätigkeit, die allerdings nur im Hinblick auf andere Funktionszusammenhänge Informationen enthält. Sowohl der Rausch als auch das Rauschen können also ihren Ursprung in recht strukturierten Ereignissen haben.

Bei der Betrachtung der Aktivität des gesamten Gehirns kann ein Phänomen zur Beschreibung gelangen, das bei der isolierten Untersuchung vieler Einzelprozesse jeweils aus dem Blickfeld geraten könnte. Gerade der Übergang von einer Kognition zur anderen ist ja das, was zu den erstaunlichen Leistungen des Gehirns gehört und die Perspektive in die Wunderwelt des nicht Programmierten und bisweilen auch nicht Vorhersehbaren eröffnet. Will man eine Theorie der Vorstellungsgenese aus dem Clash der Rhythmen hirntheoretisch fundieren, so ist die Berücksichtigung der Gesamtaktivität des Gehirns geradezu zwingend, weil der Clash der Rhythmen natürlich dort stattfindet, wo unterschiedliche Hirnprozesse aufeinanderprallen und deren zeitlich-räumliche Lokalisation nicht vorausgesehen werden kann. Das Aufeinandertreffen verschiedener Kodierungen und Verarbeitungsprozesse wird zum entscheidenden Kennzeichen der Hirntätigkeit überhaupt und wird, da es nicht in einer Superstrategie zusammenge-faßt werden kann, auch immer nur bei Öffnung der Perspektive für die Gesamttätigkeit des Gehirns zur Beobachtung gelangen können.

Damit wird aber deutlich, auf welche Weise Hölderlins Beschäftigung mit dem Ganzen und All-Einen mit seiner Theorie der Rhythmenkollision als Ursprung der Vorstellungen in Zusammenhang steht: Ein Clash der Vorstellungen ist nur zu erwarten, wenn über die Regionalität lokaler Prozesse hinaus das globale Zusammenspiel zum Tragen kommt. Dabei konnte aus Hölderlins Sicht dieses Ganze nur als Tragisches erscheinen in dem Sinne, daß beim Zusammenprall verschiedener Momente ein Zusammenbrechen der bisherigen Prozesse stattfindet zugunsten einer Vorstellung, die im Geschehen des Zusammenpralls zur Entfaltung gelangt.

Hölderlin als Hirnforscher

Mit der Äußerung, daß ich Friedrich Hölderlin für einen Hirnforscher halte, meine ich es sehr ernst. Erstens: Hölderlin war Experimentator und Wissenschaftler seines Lebens. Er »verwirklichte« seine Liebe nach einem zuvor entworfenen Versuchsprotokoll und suchte Abweichungen davon zu vermeiden. Daß er daran einmal werde leiden müssen, war in dem als Versuchsprotokoll bezeichenbaren »Hyperion« bereits erwähnt. Allerdings bemerkte er später in der Phase seines sogenannten Wahnsinns einmal, er hätte nicht gedacht, daß es so schlimm kommen würde. Zweitens: Hölderlin war ein Theoretiker des »Ganzen« und weist damit nicht nur Beziehungen zur Tradition der Erforschung von Ganzheit, Einheit und Gestalt in den verschiedenen Wissensdisziplinen Psychologie, Zoologie und Neurologie auf, die mit den erkenntnistheoretischen Grundlagen der Philosophie in Beziehung standen, sondern seine Überlegungen korrespondieren auch mit den neuesten Ansätzen theoretischer Hirnforschung, in denen mit gruppentheoretischen Modellen ohne allzu expliziten Bezug auf Traditionen von Ganzheitstheorien die Funktionsweise des Gehirns als Differenzbildung zwischen der Gesamtaktivität und Teilen des Gehirns zu beschreiben versucht wird. Drittens: Hölderlin formuliert mit seiner Rhythmustheorie bzw. dem »kalkulablen Gesetz« eine Theorie der menschlichen kognitiv emotionalen Leistungen, der Geistestätigkeit insgesamt, die mit ihren Differenzierungen Anschluß an die gegenwärtigen Formulierungen der Hirnforschung gewinnen kann, dabei aber theoretische Voraussagen macht, die in ihrer Komplexität und Integrationskraft über gegenwärtige Modelle der Hirnforschung hinausreichen. Die theoretische Anbindung wird von Hölderlin dabei mit dem Begriff der »Vermögen« sogar selber geliefert. Die Tatsache, daß er in einem Gedicht an den Neuroanatomen Samuel Thomas von Sömmerring die höchsten Zinnen des Geistes von der Hirnforschung für nicht erreichbar hielt, tut dem keinen Abbruch, da vielleicht ja auch zu folgern ist, daß die Hirnforschung sich diesen Zinnen gerade durch die Beiziehung Hölderlinscher Theorien eher nähern kann:

Gerne durchschaun sie mit ihm das herrliche Körpergebäude,
Doch zur Zinne hinauf werden die Treppen zu steil.
(F. Hölderlin, *Sömmerrings Seelenorgan und das Publikum*)

Den Anschluß an die Hirnforschung gewinnt Hölderlin über den Begriff der Vermögen, über den er sich in den *Anmerkungen zur Antigonae* äußert. Der Begriff des Vermögens schließt an eine alte Unterscheidung von Potentialität und Aktualität an, welcher die Unterscheidung von Materie und Geist und auch von Möglichkeit und Wirklichkeit entspricht. Demnach gehört das Vermögen in den Bereich der Natur, der Materialität und der Möglichkeiten, aus denen heraus sich die Wirklichkeit des Geistes gestalten kann. Um 1800 spielte dieser Begriff eine große Rolle und auch heute noch wird er, dann aber eher unter dem Titel »Kompetenz«, benutzt. Im Falle des Begriffes der Kompetenz findet er seine Entgegensetzung dann zumeist in dem Konzept der »Performanz« (so z. B. bei Noam Chomsky). Auf versteckte Weise ist er auch in den Konzepten der verschiedenen Intelligenzen, so bei Howard Gardner, vorhanden. Hölderlin äußert sich über die Vermögen interessanterweise mit einer Aussage über Philosophie und Dichtung. Dabei sagt er, daß die Philosophie nur ein Vermögen der Seele behandle, während die Poesie die verschiedenen Vermögen des Menschen beträfe:

So wie nämlich immer die Philosophie nur ein Vermögen der Seele behandelt, so daß die Darstellung dieses Einen Vermögens ein Ganzes macht, und das bloße Zusammenhängen der Glieder dieses Einen Vermögens Logik genannt wird, so behandelt die Poesie die verschiedenen Vermögen des Menschen, so daß die Darstellung dieser verschiedenen Vermögen ein Ganzes macht, und das Zusammenhängen der selbständigeren Teile der verschiedenen Vermögen der Rhythmus, im höhern Sinne, oder das kalkulable Gesetz genannt werden kann.
(*Anmerkungen zur Antigonae*)

Hölderlin spricht zwar von der Seele und dem Menschen. In mancher Hinsicht betreffen die Vermögen, die da angesprochen werden, auf ganz bestimmte Weise aber auch und vor allem das Gehirn.

Das Taktgefühl

Für Immanuel Kant galt eine strikte Trennung von Vernunft und Natur. Dennoch machte er Ausführungen über einen Begriff, wenn auch nicht in seinen kritischen Hauptwerken, welcher für die Beziehung von Leib und Seele in Verstand und Natur auch ein integratives Moment denkbar macht. Es handelt sich um das Konzept des Taktes bzw. logischen Taktes, von dem Kant in seiner *Anthropologie in pragmatischer Hinsicht* sagt:

So viel ist gewiß, daß, wenn die Auflösung einer Frage auf den allgemeinen und angebornen Regeln des Verstandes (deren Besitz Mutterwitz genannt wird) beruht, es unsicherer ist, sich nach studirten und künstlich aufgestellten Principien (dem Schulwitz) umzusehen und seinen Beschluß darnach abzufassen, als wenn man es auf den Ausschlag der im Dunkeln des Gemüths liegenden Bestimmungsgründe des Urtheils in Masse ankommen läßt, welches man den logischen Tact nennen könnte: wo die Überlegung den Gegenstand sich auf vielerlei Seiten vorstellig macht und ein richtiges Resultat herausbringt, ohne sich der Acte, die hiebei im Inneren des Gemüths vorgehen, bewußt zu werden.

An dem Gedanken, daß man mit seinem inneren Gefühl bzw. mehr oder weniger angeborenen Intuitionen oft weiter kommt als mit z. B. in der Schule erlernten Regeln, ist eigentlich nichts Ungewöhnliches. Auffallend ist jedoch die Benutzung des Wortes »Takt« für diese Verhältnisse. Umgangssprachlich spricht man auch vom »Taktgefühl«, wenn insbesondere das Sich-Einstimmen auf einen Anderen und die Respektierung seiner Besonderheiten und Empfindlichkeiten thematisch sind. Takt bringt nicht nur Verstand und Körper zusammen, sondern ermöglicht auch die Einstimmung auf den Anderen. Da wir keine gleichgetakteten Computer sind, gehört es zu unseren wichtigen

Funktionen, daß wir uns auf den »Eigentakt« des Anderen einstellen können, um ihn in seinen Eigenheiten nicht zu verletzen und um überhaupt seine vielfältigen emotionalen und stimmungsmäßigen Eigenheiten angemessen zu erfassen. Das menschliche Nervensystem zeichnet sich dadurch aus, daß es im Unterschied zum Computer noch nicht einmal einen konstanten Eigentakt aufweist, sondern seine Zeitstruktur, die Segmente für die Informationsverarbeitung ständig variieren kann. Wäre das nicht der Fall, dann wären wir gar nicht in der Lage, mit Menschen zu kommunizieren, die ein anderes Sprechtempo als wir selber aufweisen. Gewöhnlich wird sich im Redefluß eine gewisse Einschwingung der Tempi von einem zum anderen oder auch von beiden aufeinanderhin ergeben. Dabei kann das Sprechtempo durchaus zur Dominanzgebärde werden, welche, mehr als die verhandelten Inhalte dies tun, zur Steuerung des Anderen beiträgt.

Im Takt nun eine Vereinigung von Verstand und Natur zu suchen, erscheint gerade aufgrund der computerwissenschaftlichen Erkenntnisse über die Taktung der Informationsverarbeitung im Computer als ein sehr interessantes Unterfangen, weil die Frage der Taktung und die Erzeugung von Takten durch das Nervensystem selbst zu einem der interessantesten Themen bei der Frage der Integration kognitiver emotionaler und körperlicher sowie auch vor allem kommunikativer Funktionen geworden ist.

Hölderlin hat dies in einer über das Konzept des Taktes hinausreichenden Theorie vom Rhythmus und des Zusammenpralls verschiedener Rhythmen in einer über den gegenwärtigen Stand der Hirnforschung hinausreichenden integrativen Theorie darzustellen versucht. Mit seiner Theorie der Rhythmen wird er dabei zu einem Hirnforscher.

Geht man den Weg, ein All-Eines ansprechen zu wollen, das sich anders als der Einzige nicht aus seiner Schöpfung zurückziehen kann, dann wird es schwer, sich freizuhalten von dem, was die Momente des Widerspruches ausmacht. Wer das All-Eine anspricht, beschwört den tragischen Konflikt herauf, solange das All-Eine nicht die Zusage liefern kann, das Paradies zu sein.

Interessanterweise gibt es einen inneren Zusammenhang zwischen den beiden Motiven Hölderlins, der Beschäftigung mit dem All-Einen und dem Konzept der Entstehung von Vorstellungen aus dem Zusammenprall von Rhythmen. Je mehr man vereinnahmen will, umso größer wird das Risiko, sich Widersprüche einzuhandeln. Geht man auf das All-Eine, so ist die Wahrscheinlichkeit, einander widersprechende Rhythmen zu finden, am größten. Vorstellungen, wie sie bei Hölderlin beschrieben sind, die aus dem Zusammenprall der Rhythmen entstehen, haben ihren Ort in einem Geschehen, in dem um das All-Eine gerungen wird:

Die Darstellung des Tragischen beruht vorzüglich darauf, daß das Ungeheure, wie der Gott und Mensch sich paart, und grenzenlos die Naturmacht und des Menschen Innerstes im Zorn Eins wird, dadurch sich begreift, daß das grenzenlose Eineswerden durch grenzenloses Scheiden sich reiniget.
(*Anmerkungen zum Oedipus*)

Das kalkulable Gesetz

Die Entstehung der Vorstellungen aus dem Zusammenprall verschiedener Rhythmen faßt Hölderlin unter dem Konzept eines »kalkulablen Gesetzes« in seinen *Anmerkun-*

gen zur Antigonae und *Anmerkungen zum Oedipus* zusammen.

In bezug auf die Möglichkeiten der Hirnforschung bedeutet dies, daß die Vorgänge der Rhythmus-Interferenz prinzipiell als berechenbar anzusehen sind. Die prinzipielle Kalkulierbarkeit impliziert aber keineswegs, daß wir für unser praktisches Leben die tragischen Zusammenbrüche vorausberechnen könnten. Schließlich kann ein Großteil der geistigen Tätigkeit des Menschen als Versuch angesehen werden, das kalkulable Gesetz zu überlisten und gegen die Annäherungen von Tragik doch noch das Gelingen der großen Einheit zu versuchen. Paradoxerweise tragen aber gerade diese Versuche nicht selten dazu bei, zu viel Innigkeit herzustellen, so daß es geradezu gesetzmäßig notwendig wird, die Menschen, die sich mit den Göttern paaren, wieder von ihnen zu trennen. In diesem Sinne wird das kalkulable Gesetz von einer Theorie der Rhythmen-Interferenz bei Hölderlin zu einem genetischen Konzept der Entfernung der Götter. Mit der Anwendung der Hölderlinschen Rhythmustheorie und seines kalkulablen Gesetzes auf den Stand der gegenwärtigen Hirnforschung ist keineswegs gemeint, daß das menschliche Gehirn eine kritische Masse überschritten hätte, von der ab eine Integration der Funktionen nicht mehr möglich sei. Die Frage muß offenbleiben, da der Zusammenhalt der Hirnfunktionen ja nie vom Gehirn allein, sondern auch immer von den verarbeiteten Inhalten und semantischen Dimensionen, die dabei angesprochen sind, mit abhängig ist. Wie hier Semantik und Hirndisposition ineinandergreifen, ist eine Frage, die eine weite Forschungslandschaft eröffnen würde. Interessanterweise läßt sich Hölderlins Grundfrage aus Heideggers Sicht, der nach der Wiederkunft der Götter (ich denke, daß die Grundfrage auch ganz anders bestimmt werden könnte), von der Rhythmustheorie her diskutieren. Martin Heidegger übernimmt Hölderlins Anliegen, der Ankunft der Götter einen festlichen Empfang zu bereiten. Um es gleich zu sagen, ich habe erhebliche Schwierigkeiten (um es extrem milde zu formulieren) mit einem Konzept der Götter. Ich respektiere die Eifersucht des Einzigen und denke, der Versuch, Götter zu rekonstruieren, erweist sich am Ende als ein unglückliches Unterfangen. Interessanterweise ist die Rede vom Tragischen bei Hölderlin von dieser Einsicht gar nicht weit entfernt. Bezeichnenderweise affirmiert er aber das Tragische und nimmt es nicht als Anlaß für ein Korrekturdenken. Gerade dieses erscheint mir aber von Bedeutung angesichts der Tatsache, daß von der Götterdämmerung der Nibelungen über Wagner bis zur Untergangszelebration des Rienzi eine Lust an der tragischen Untergangsstimmung vorherrschte, sei es, daß man diese Stimmung von vornherein wählte, sei es, daß man sie als notwendige Folge eines emporstrebenden Heldenmuts akzeptierte. Nach dem Untergang des Dritten Reiches denke ich aber, wird man nicht geneigt sein, den Untergang als bloße Folge einer Großmannssucht darzustellen, sondern kann die Untergangslust als zusätzliches Argument gegen die unmenschlichen, Ethik verachtenden Praktiken der nationalsozialistischen Barbarei anführen. Insofern bedarf es einer genauen Prüfung, insbesondere wenn Hölderlins Tragiktheorie in Hirnkontexte überführt wird, ob man hier nicht schreckliche Querwege der Geschichte nun plötzlich im naturwissenschaftlichen Kontext fälschlich als unabdingbar notwendig zementiert. Dies wäre nicht meine Absicht. Ich denke, daß, im Gegenteil, gerade bei dem Versuch, Hölderlins Theorie auf die Hirnforschung fruchtbringend anzuwenden, gleichfalls deutlich wird, daß die Flexibilität des Menschen in seiner Kultur und seinem Gehirn in der Lage ist, auf gewisse kalkulable Gesetze mit Innovationskraft so zu reagieren, daß das Humanum wieder in sein Recht gesetzt wird (was nicht im Kontext gewalttätiger und einander befehdender Götter gelingen kann, sondern unter die Ehre des Einzigen gehört).

Ich möchte nicht den irrwitzigen Weg gehen, der von Spinoza bis zur Hirnforschung beschritten werden könnte. Ich möchte jedoch darauf hinweisen, daß sich in mir alles sträubt, wenn ich diesen Weg kürzestens skizziere. Wählt man den Weg über Hölderlin, so macht mir zumindest die Frage der Rekonstruktion der »Götter« erhebliche Zahnschmerzen. Spinoza vollzog mit seinem philosophischen System einen ungeheuren Schritt. In seinem Denken findet sich eine seltsame Berührung jüdischer Traditionen mit griechischer Substanzmetaphysik. Aus der Religion des Einzigen stammend, läßt er im Begriffsapparat der griechischen Metaphysik konsequenterweise nur eine einzige dauerhafte Substanz zu. Da er nun die Menschen aber als Akzidenzien dieser einen Substanz betrachtet, geht ihm die Distanz zwischen Mensch und Einzigem verloren, so daß er von »deus sive natura«, von »Gott oder Natur«, sprechen kann. In eben dieser Natur erscheinen bei Hölderlin nun die Götter (die Katastrophe erscheint perfekt).

Aufgrund der Kippfigur-Beziehung zwischen Natur und Gehirn, zwischen Außenwelt und Innenwelt wären die Götter als Kraftfeldzentren des Gehirns, als Attraktoren, beschreibbar. Hier möchte man aber sogleich anfügen, daß ein derartiges, von verschiedenen Kraftfeldzentren besetztes Gehirn eben nicht mehr diese Einheit aufweist, welche der Übergang von Gott zur Natur bei Spinoza noch zu suggerieren scheint.

Doch Hölderlin, insbesondere in der Interpretation Heideggers, versucht, das Problem der Vielfalt dichterisch zu lösen. Ausgehend von einer Grundstimmung, so glaubt Heidegger, könne ein Fest bereitet werden, bei dem Menschen und Götter einander begegnen. Das Wort Grundstimmung läßt dabei die musikologischen Grundlagen der Poetik anklingen. Von dieser Grundstimmung her wird ein Fest bereitet, in dem das Heilige und das Göttliche zugleich »angestimmt« sind. Hölderlin und Heidegger gehen damit einen Weg, bei dem Dichten und Gesang das Fest bereiten, von dem her das Göttliche und das Heilige die Ankunft der Götter ermöglichen soll.

So sehr ich die psalmodische Verehrung des Herrn teile, so fraglich scheint mir der auch hier wieder durchscheinende »All-Einige«-Versuch, vom Ganzen her, also vom »großartigen« Vorgriff her, die Begegnung mit dem Anderen zu bereiten. Eine ganze Tradition der Begegnung mit dem Herrn fällt hier beiseite. Das Wort, das (nach Emmanuel Lévinas) in das Denken einfällt, ohne die Rede von einer dafür entwickelten Grundstimmung, aus der heraus dies naheliegend sein könnte, läßt vielleicht im ersten Schritt nicht gleich ein harmonisches Fest gestalten. Der Herr, der mit seinem Wort ins Denken fällt, irritiert oder zerstört sogar die vorgefaßten Harmonien und Abstimmungen. Dieses Wort stiftet jedoch eine Einheit, die über die Stimmung hinausgeht, da es mit seinen ethischen Implikationen auch jenen bewahren will, der aus der Harmonie der Grundstimmungen herausfällt.

Die Paarung von Göttern und Menschen

Das kalkulable Gesetz Hölderlins, demzufolge aus dem Zusammenprall verschiedener Rhythmen und Vorstellungsreihen die eigentliche Vorstellung entsteht, kann als ein Modell der Hirnfunktionen genutzt werden. Dies bedeutet nicht, daß die Tätigkeit des menschlichen Gehirns grundsätzlich als tragisch anzusehen wäre. Schließlich kann das Gesetz des Zusammenpralls bei Hölderlin auch für nicht tragische Dichtformen deutlich gemacht werden. Aber selbst wenn im formalen Sinne der Zusammenhalt der Hirnfunktionen, über eine gleichsam kritische Masse hinausschießend und sich nicht in einer partikularen Einheit beruhigen könnend, in eine notwendige Spaltung übergehen muß, heißt dies auf der Bedeutungsebene noch keinesfalls, daß all das, was als Spaltung erscheint, auch ein Unglück im Sinne einer Tragödie sein müßte. Vieles hängt hier von der Interpretation ab, die diesen Vorgängen gegeben wird und die auch, das ist, so möchte man fast sagen, natürlich das »Perfide«, als neurosemantisch encodierte selber den Zerreißungsprozeduren unterworfen sein kann. Diese doppelte Einholung und Zerreißung ist durch eine serielle Dialektik nicht mehr darstellbar, sondern macht die Gestalt des individuellen Lebens aus.

Dennoch liegt es nahe, mit Entwürfen zur Lebensführung entweder dem Zerreißungsprozeß entgegenarbeiten zu wollen oder, wenn dieses nicht gelingt, so doch nach Deutungen Ausschau zu halten, die sogar im Selber-Zerbrechen noch etwas Beruhigung (oder vielleicht Hoffnung, von Erlösung will ich nicht sogleich reden) gewähren. Hölderlin, der aufs Ganze geht und sich der Ästhetik verschreibt, weist darauf hin, daß die Schönheit gleichsam als Ausdruck der Harmonie des Ganzen ein Kind der Paarung von Göttern und Menschen sei. Diese Paarung aber führe dazu, daß beide, Götter und Menschen, wieder auseinandergerissen werden müssen. Dann fragt sich doch, ob man nicht gleich von vornherein auf Distanz gehen sollte, um solcherlei Schicksal zu vermeiden. Ist dies nicht vielleicht die Haltung der uneinholbaren Distanz zum Herrn, welche die angemessene Vorsorge gegenüber dem Zusammenbruch der wie auch immer angestrebten Einheit (Ästhetik, Fest, usw.) ermöglicht? Schließlich ist auch dann, wenn der Gedanke der Distanz zusammenbricht, diese Distanz wieder neu denkbar, ja, gerade durch den Zusammenbruch sogar insinuiert. Für denjenigen, der seinen Lebensentwurf an diesem Gedanken orientieren und ihn im Horizont des deutschen Idealismus reformulieren möchte (obwohl er dort nicht zu Hause ist), würde dies bedeuten, daß er Einheit durch Betonung der Nichteinheit zu gewinnen vermag. Damit bewegen wir uns natürlich nicht in der Sprechweise der genuin jüdischen Lebenshaltung (die einzige Hoffnung des jüdischen Denkens ist, daß die Differenz des Einzigen zur Welt aufrechterhalten wird), können damit aber vielleicht leichter zu einer säkularen Sprechweise überleiten, in welcher solch eine Haltung auch von einem Hirnkonzept her plausibel gemacht werden könnte: Warum sollte die Einheit der Hirnfunktionen nicht gerade unter der Betonung des Nichterreichens von Einheit stabilisiert werden?

Ganzheit, Tragik und Natur

Der Begriff der Ganzheit hat zusammen mit dem der Einheit, obwohl beide im Nationalsozialismus schrecklich mißbraucht wurden, in Teilen der Gesellschaft immer noch einen hohen Klang. Es ist, als ob der Umgang mit dem Partikularen eine schlimmere Sünde wäre als der Totalitarismus. Dabei ist uns doch so genau vorexerziert worden, wie das »aufs Ganze gehen« zur Maßlosigkeit verführt. Wenn aber beide, der Umgang mit dem Ganzen und der Umgang mit den Teilen, ihre eigenen Möglichkeiten des Mißglückens aufweisen, dann liegt es nahe, nach einem Korrektiv des Verhältnisses der beiden Begriffe Ausschau zu halten.

Dazu genügt es nicht, kritisch Verkennungen im heutigen Gebrauch des Ganzheitsbegriffes aufzuweisen, obwohl auch dies schon hilfreich sein kann. Es ist allerdings auch offenkundig, daß der Ganzheitsbegriff heute z. B. in den verschiedensten therapeutischen Bereichen so benutzt wird, daß gar nicht Ganzheit gemeint ist, sondern ein Teil, der sich zur Ganzheit erheben soll. Als Beispiel mag die Ayurveda-Medizin genannt werden, die in ihrer südindischen Konfiguration durchaus ganzheitliche Aspekte aufweist; z. B. wird die medizinische Benutzung von Planzensamen hier in das ganzheitliche Geschehen von Werden und Vergehen eingereiht. Eine Prüfung dieser therapeutischen Maßnahmen nach westlichen »schulmedizinischen« Maßstäben würde aus Sicht von echten Ayurveda-Medizinern als unangemessen erscheinen, da die therapeutischen Maßnahmen ja der Einbindung in ein Sinnganzes dienen und keinesfalls bedeuten, daß man sich mit ihnen sicher gegen den Tod bewahren könnte. Würde man eine Strichliste über Todesfälle unter Ayurveda-Medizin herstellen wollen, so hätte man sich aus der Ganzheit von Leben und Tod bereits herausbewegt. Gerade dieses Sich-Herausbewegen aus der Ganzheit wird im Westen aber nicht selten als ganzheitlich deklariert in dem Sinne, daß sich die Ganzheit eines Lebens und eines Organismus gegen Krankheit und Tod verwahren solle. In diesem Sinne werden asiatische »ganzheitliche« Konzepte nicht selten mit dem griechischen Konzept von »Ousia«, also Wesen bzw. Substanz, mit den Konnotationen von Unvergänglichkeit überladen, so daß die auf den ersten Blick alternativ erscheinenden Heilmethoden, die hier in den Westen importiert werden, bei genauerem Hinsehen die griechische Konzeption von substantieller Ganzheit genauso zelebrieren wie die Schulmedizin dies in ihren Versuchen, Krankheit und Tod zu bekämpfen, auch tut. Von asiatischer »Ganzheit« im Sinne des Akzeptierens von Werden und Vergehen bleibt dann meistens nicht viel übrig. Die Fehden, die im Namen von

Ganzheit ausgetragen werden, betreffen dann selten noch die ursprünglichen asiatischen Konzepte.

Hölderlin war offen für einen Begriff von Ganzheit bzw. All-Einem, der sich keinesfalls gegen den Tod verwahren sollte. Das Wort, unter dem dieses Ganze erschien, war ihm die »Natur«. Den Tod aus ihr zu verbannen, wäre Kitsch gewesen. Ihn in ihr zu »bewahren«, hieß für ihn aber, die tragische Dimension zu eröffnen. So ergeben sich, möchte man sogleich anmerken, beim Umgang mit Ganzheit gleich zwei unglückliche Verlaufsweisen. Will sich die (vermeintliche) Ganzheit gegen das Vergängliche bewahren, so kommt sie in Gefahr, herrisch zu werden und andere zu unterdrücken, damit eigener Tod abgewehrt werden kann. Wird der Tod jedoch akzeptiert, so ist dieses Herrische noch keineswegs verschwunden, sondern kann in unglücklichen Konstellationen sogar dadurch befördert werden, indem der unglückliche Ausgang des eigenen Sich-Überhebens schon als »Götterdämmerung« einkalkuliert wird. Es ist, als ob Ganzheit nur schwer davor bewahrt werden könnte, für die Machtgelüste von Teilen, die sich zu Ganzheiten erheben und sich gegen anderes bewahren wollen oder in eigener Überheblichkeit auch den eigenen Untergang in Kauf nehmen, mißbraucht zu werden. Es ist nicht damit getan, aus dem griechischen Substanzdenken herauszutreten, um die Harmonie der Welt zu »sichern«. Asiatisches Denken, das sich nicht der Substantialität von Dingen verschreibt, kann sich in der Akzeptanz von Vergänglichkeit dennoch auf die Wucht des Schwerthiebes konzentrieren, wie die Samurai zeigen.

Hölderlins Ganzheitsdenken setzt nicht bei der griechischen Philosophie mit ihrer Substanzmetaphysik, also »Ganzheit« von Dingen an, sondern geht so sehr aufs Ganze, daß bei dem Zusammenprall von dessen Teilen nur der tragische Ausgang möglich erscheint. Es wäre jedoch schlimm, wenn man übersähe, daß es neben dem griechischen Substanzdenken und der Tragödie der Griechen auch noch eine ganz andere Weise des Umganges mit den anstehenden Themen gibt, die auf eine große Tradition zurückverweisen kann. In der jüdischen Tradition wird es für ausgeschlossen gehalten, daß innerhalb der Schöpfung irgendwelchen Dingen oder irgendwem, dauerhafte Substantialität zugeschrieben werden kann. Einheit kommt nur dem Einzigen zu, der außerhalb der Schöpfung steht. Der Versuch, das All-Eine zu denken, ohne diese Differenz zu berücksichtigen, wäre damit schon eine schreckliche Maßlosigkeit. Diese Maßlosigkeit hat Hölderlin durchaus erkannt, als er ja gerade in der Bewegung der Philosophie (die natürlich insbesondere mit Spinoza, aber auch mit Fichte das All-Eine als Natur oder Ich zu denken versuchte) den Grundzug des Tragischen erkannte, da diese aufs Ganze gehend, den inneren Bruch erleiden muß.

Heute, spätestens nach Gödel, wissen wir, daß der Versuch eines Systems, über sich selbst eine konsistente und das Ganze betreffende Aussage zu machen, nicht möglich ist. Es kann nur der Versuch unternommen werden, wohl über das Ganze zu reden, aber zugleich zu gewahren, daß sich ein »Rest« dieser Rede entzieht. Will man nicht partout auf eine tragische Lösung hinaus, so scheint es angebracht, die Korrespondenz zwischen der zu einer großen Tradition entfalteten religiösen Redeweise, in der die Differenz zwischen dem Einzigen und der Schöpfung bewahrt wird auf der einen Seite und dem Unentscheidbarkeitstheorem der Mathematik auf der anderen Seite, zu erkennen. Denken braucht nicht in die Minima zurückgeworfen bleiben, wenn es einsieht, daß die einmalige Aussage über das Ganze nicht möglich ist. Hier winkt vielmehr die Einladung zum unendlichen Versuch bei letztendlicher Bewahrung der Differenz.

Der Soziologe Emile Durkheim beschreibt die Differen-
zierungsprozesse der Gesellschaft so, daß bei zunehmender
Arbeitsteilung und Differenzierung eine Individualisie-
rung und eine Solidarisierung zugleich stattfinden. Dies
bedeutet, daß mit den Prozessen der Aufgliederung in der
Gesellschaft ein einheitsstiftendes Moment zugleich mit-
gegeben ist. Die germanischen Bauern, welche die arbeits-
teilige Differenzierung der Berufe von den Römern in der
Zeit des 7. Jahrhunderts übernommen hatten und aufhör-
ten, Eigenbrötler zu sein und stattdessen das Brot beim
Bäcker einzukaufen begannen, hatten mit dieser Differenzbildung zum Bäcker zugleich auch eine gewisse Solidarisierung mit ihm zu empfinden, da sie ja vom Differen-
ten abhängig waren. Eine Umstellung zum Selbstbacken
von heute auf morgen ist zwar möglich, ist aber, wenn man
sich später sogar an die Frühstücksbrötchen gewöhnt hat,
doch recht unbequem oder setzt zumindest weitere Tech-
nologie voraus (z. B. neue Backmittel und Herde, mit denen man vorbereitete Kühlteige schnell selber in ein Brötchen verwandeln kann). Insofern wäre ein Reflektieren
über einheitsstiftende Momente im Zusammenhang mit
Differenzierungsprozessen in der Gesellschaft gar nicht allzu wichtig, und die Thematisierung von Einheit würde
einen Diskurs in der Gesellschaft in Umlauf bringen, der,
da sie ja ohnehin vorhanden ist, zu einer Überbetonung
von Einheit und zu einer zwanghaften Explizitheit dessen
führt, was gerade durch seine Unausgesprochenheit das
Geschäft der Einheit am besten vollziehen kann.

Einheit muß durch Wettbewerb noch nicht gefährdet
sein, setzt dieser doch das Zusammenspiel der verschiedenen Glieder voraus. Auch der »Streit der Fakultäten« kann
im normalen Rahmen eher als Bestätigung des Zusam-

menhanges, z. B. des Wissens, verstanden werden. Gefährdet wird der einheitliche Aspekt im Differenzierungspro-
zeß dann, wenn Gerechtigkeit verloren geht oder wenn
ein kultureller Umbruch vorliegt, der zu einem übermäßigen Antagonismus verschiedener Glieder der Gesellschaft
führen kann. Solch ein Umbruch ist z. B. mit der kopernikanischen Wende des kantischen Denkens gegeben, demzufolge, wovon wir noch heute zehren, das Ich zum Mittelpunkt der Welt und zum Ausgangspunkt ihrer Ausle-
gung aufgerufen wird. Eine derartige Perspektivumkeh-
rung von den Dingen zum Ich (die einer Ermöglichung
von Ethik durch ein freies Ich dienen sollte) kann die
Gesellschaft erheblich belasten, wenn es zum erbitterten
Streit zwischen gegenstandsbezogener naturwissenschaft-
licher und ich-bezogener geisteswissenschaftlicher Betrach-
tungsweise kommt. Dann wird die Frage der Einheit, die
bei Durkheim soziologisch noch als implizite Selbstver-
ständlichkeit abgehandelt wird, zum offenen Problem und
kann paradoxerweise durch ihre explizite Behandlung zu
einer Überbetonung vermeintlich einheitsstiftender Mechanismen führen und dabei, statt mehr Einheit für beide
herbeizuführen, zur repräsentativen Verdopplung von Ich-
Strukturen und damit seltsam narzißtischen Spiegelungen
verführen (Derridas Vermutung ist, daß das Bemühen um
Einheit zur Verdopplung führt, was ich auch in *Einsteins
Doppelgänger* herauszustellen versucht habe).

Das bedeutet aber, daß der kantische Neubegründungs-
versuch von Ethik über eine explizite Herstellung der
Einheit des Ichs und die damit evozierte Einheitsfrage in
bezug auf den Zusammenhang von Natur und Geisteswis-
senschaft zu einer übermäßigen Betonung des Einheitsge-
dankens in der deutschen Geschichte führen konnte, wo
angesichts der Durkheimschen Diagnose einer in der Differenzierung mitgegebenen Einheit eigentlich Gelassen-

heit am Platz gewesen wäre. Geraten die antagonistischen Mechanismen aber erst einmal auf volle Touren, dann sind sie durch Aufrufe zur Gelassenheit kaum noch zu halten. Vernarrt in den Gedanken der Einheit ereignen sich geistesgeschichtliche Kapriolen, wie sie im Vergleich mit der Kulturgeschichte anderer Länder fast einmalig erscheinen mögen und im Späteren die seltsame Faszination, aber auch die katastrophalen Folgen des übersteigerten Einheitsdenkens vor Augen führen können.

Der Gedanke der Einheit wurde evoziert und beschworen, als ob der Bäcker seine Brötchen nicht mehr backen würde, wenn ihm die »Einheit« mit seinem Konsumenten nicht ständig vor Augen geführt würde. Der Fanatismus der Einheit lastete wie ein Fluch auf dem Denken der Menschen, die sich der Gelassenheit nicht mehr hingeben konnten. Der Gedanke der Einheit wurde geradezu zu einem Selbstzweck, der in seiner ästhetischen Verehrung zu sinnlichem Entzücken Anlaß bot. Dadurch wurde ohne Zweifel eine besondere hermeneutische Kraft entwickelt, die in verschiedenen Disziplinen zu großen Erfolgen führen konnte. Einheitsstiftende Prinzipien in niederzelligen Organismen, in verletzten Gehirnen und in den gestaltenden Prozessen der Psyche wurden einer eingehenden Untersuchung zugeführt. Einheit war dabei mit dem besonderen Anspruch von »Ganzheit« verbunden, und zwar mit einer Akzentuierung, die ständig befürchten ließ, daß, wenn nicht beide stets beschworen würden, sie auch schon zerfallen könnten. Das Andere, das Heterogene, das »Fremde« erschien dabei übersteigert als Gefahr. Die Gedanken von Einheit und Ganzheit bereiteten nicht einen Raum, in welchem Andersheit in ihrer Eigenständigkeit hätte in Ruhe gelassen werden können. So konnte es geschehen, daß die in vielen Wissenschaften erfolgreiche Untersuchung von Einheit und Ganzheit und die philosophische

Betonung dieser Thematik bei dem Leipziger Struktur-
psychologen Fritz Krueger (s. Anne Harrington, *Die Suche
nach der Ganzheit*) pervertiert als rassische Auszeichnung
des Deutschen dargestellt und dem jüdischen Denken,
welches in der Beruhigung im Herrn die Dringlichkeit
der Einheitsoffensive nicht besaß, entgegengestellt wurde,
ohne daß der Mangel, der der eigenen Einheitsfanatik zugrunde lag, noch erkannt worden wäre.

Auch Hölderlin, das war ja gerade sein Experiment,
versuchte das Auseinanderliegende in einer Einheit zusammenzufassen. Wie er später sagte, hatten sich Götter
und Menschen gepaart. Das mußte zur tragischen Schei-
dung beider führen. Doch die Währung der Einheit war
nun einmal im Umlauf und so konnte auch Hölderlin
nicht von ihr ablassen:

Ein jeder treibt das Seine, wirst du sagen, und ich sag' es auch.
Nur muß er es mit ganzer Seele treiben, muß nicht jede Kraft in
sich ersticken, wenn sie nicht gerade sich zu seinem Titel paßt,
muß nicht mit dieser kargen Angst, buchstäblich heuchlerisch
das, was er heißt, nur sein, mit Ernst, mit Liebe muß er das sein,
was er ist, so lebt ein Geist in seinem Tun, und ist er in ein Fach
gedrückt, wo gar der Geist nicht leben darf, so stoß ers mit Ver-
achtung weg und lerne pflügen! (*Hyperion*)

Der Wahnsinn des Bewußtseins

Das Denken kann nicht anders, als in gewisser Weise auch
auf das Ganze zu gehen. Versucht es dies nicht, so kann es
verantwortungslos werden, weil es die Details übermäßig
aufbauscht und am Ende nicht mehr der »gerechten« Beziehung der Dinge untereinander gemäß agiert. Wenn es
aber aufs Ganze geht, steht es in der Gefahr, totalitär zu
werden und alles nur noch vom Ganzen her bestimmen zu

wollen, so daß im Extremfall sogar Individuen »zugunsten« des Ganzen eliminiert werden. Ein Denken vom Ganzen her ist stets gefährlich, da es schließlich das Ganze nicht erfassen kann und aus diesem Grunde unter Umständen Einzelnes fälschlich benachteiligt. Die Antwort kann also nur sein, das Denken in steter Bewegung zu halten, auf das Ganze zu schauen, aber zugleich sich um die Details zu kümmern, ja, noch radikaler auf die Menschen bezogen, die Rechte der Einzelnen zum Maßstab zu machen und nicht dem Ganzen unterzuordnen, sondern dieses vielmehr von diesem Recht her zu entfalten und zu entwikkeln versuchen.

Der Umgang mit dem Ganzen gewinnt schnell eine ethische Dimension, auch wenn er zunächst nur als ein erkenntnistheoretisches Problem erscheint, bei dem wieder die beiden einander widerstreitenden Bewegungen in ihrer Isoliertheit Schaden anrichten können, wovon sie bisweilen ablenken, indem sie jeweils das andere Extrem als den Haupttäter anzuklagen versuchen. Dabei geschieht die Anklage nicht selten sogar mit medizinischer Terminologie, so z. B., wenn der Neurologe und Psychiater Wolfgang Treher den Dialektiker Hegel der Geisteskrankheit zeiht, da er ja den in These und Antithese gespaltenen Geist zur Integration bringen wolle und auf diese Weise nur »in actu« seiner Schizophrenie beikommen könne. Umgekehrt wird derjenige, der vom »in der Welt sein« ausgeht und nicht mit den scharfen Grenzen von Innen und Außen kämpft, denjenigen, der sich solipsistisch in sein Ich zurückzieht, schnell des psychotischen Abjektes verdächtigen, bei dem die Nichtanerkennung der Außenwelt eine Art Vernichtung seelischer Anteile, wie von einigen Psychosen her bekannt, entsprechen könnte.

Wer ist denn nun verrückt? Derjenige, der sich von der Außenwelt fernhält oder derjenige, der meint, sie im Griff zu haben? Nun, in gewissem Sinne sind es beide, denn die Beziehung zur Außenwelt besteht ja gerade darin, daß diese eine bewegte ist, bei der weder die sichere Affirmation noch die vollkommene Ablehnung deren Eigentümliches treffen kann. Hölderlin in der doppelten Bewegtheit des Allumgreifens und des Sich-Absonderns scheint einen recht »gesunden« Weg eingeschlagen zu haben und kritisiert ganz entsprechend dazu auch »das närrischwilde Nachsuchen nach einem Bewußtsein« und »das geisteskranke Fragen nach einem Bewußtsein«, welches sein Ich konstituieren will, indem es das Ganze zu seinem Gegenstand machen möchte.

In der Tat hat es bei der Konzeptionierung des Verhältnisses von Reflexion und Identität in der Geistesgeschichte (insbesondere auch bei Hölderlins philosophischem Lehrer Fichte) Seltsamkeiten gegeben, die den sich befreien wollenden Schüler zu der Äußerung vom »Wahnsinn des Bewußtseins« hinreißen konnten. Geht man davon aus, daß bei der Reflexion über das Ganze sich ein Ich konstituiert, das nicht außerhalb des Ganzen stehen kann, dann muß man annehmen, daß solch eine Reflexion ohne Bewußtsein ist, da, so eine damals gängige Meinung, Bewußtsein ja nur dann vorliege, wenn das Subjekt sich einen Gegenstand vorstellt. Der andere seltsame Weg, der bei diesen Konzeptionierungen ausgebaut wurde, war derjenige, demzufolge mit jeder Reflexion auch schon ein neues Ich konstituiert wird. Erweitert also die Reflexion das Ganze um ein zusätzliches Ich in hoher Bewußtheit oder fällt das Ich der neuen Reflexion in das Ganze zurück und verbleibt in der Bewußtlosigkeit? Ich denke, daß gegenwärtige Hirnmodelle (insbesondere das von G. M. Edelman und G. Tononi) hier weiterhelfen können. Ein kognitiver Akt erscheint hier als Auswahl von aktivierten neuronalen Gruppen aus dem Gesamt des Gehirns, wobei jeder Akt eine andere Auswahl leistet. Reflektierter Gegenstand und reflektierendes Subjekt fallen dabei stets in dasselbe des gesamten Gehirns, wobei die Auswahl innerhalb desselben eine stets wechselnde ist. Hier kann also der Überstieg über das bisherige Gesamt durch die Reflexion als ein Prozeß in diesem Gesamt selber gedacht werden. Damit wird keinesfalls beansprucht, den Zugriff zum Totalen zu besitzen, es wird aber vermieden, durch Rückgriff auf Subjekt-Objekt-Unterscheidungen endlose, nicht weiterhelfende Reflexionsketten zu erzeugen.

2. Das Skript für die Liebe – fast ein wissenschaftliches Protokoll

Der radikal Liebende

Hölderlin ist der radikal Liebende, vielleicht aber auch derjenige, der einem Irrtum hinsichtlich der Radikalität seiner Liebe verfallen ist. Er vermittelt jedoch den Eindruck, daß er versuchen wollte, eine Liebe radikal durchzuhalten und sie von allem anderen freizuhalten, komme, was da wolle. Damit kann man ihn fast mit den großen Experimentatoren in der Wissenschaft vergleichen, die nur einen Parameter in der Welt verändern, um dadurch das Verhalten alles anderen besser studieren zu können. Jedenfalls bietet es sich an, Hölderlin als einen großen Experimentator der Liebe zu verstehen, der alles auf eine »Karte« setzte, dabei aber möglicherweise einem Selbstbetrug verfiel, der in dem Wort »Karte« schon anklingt: Hölderlin hatte in einem »Skript« bereits alles zusammengefaßt, was die Liebe zu der auserwählten Person bestimmen sollte, bevor er sie überhaupt kennenlernte. Sein Roman *Hyperion* liefert eine detaillierte Skizze eines Liebesverlaufs, der sich sein weiteres Leben später »demütig« beugte, und die seltsamerweise von Susette Gontard, die die Rolle der Diotima im *Hyperion* übernehmen sollte, so willig erfüllt wurde. Susette Gontard hielt als Diotima ihre Seele still, um dem jungen Hauslehrer Friedrich Hölderlin alle griechisch träumerischen Verliebtheitsprojektionen und Feuerphantasien zu gestatten, so daß sich angesichts der Liebe Hölderlins zu Susette Gontard die Frage stellt, ob er wirklich der Person Susette begegnet ist oder nicht das seltsame Glück hatte, daß sich eine Person völlig in die

Rolle fügte, die er vorgegeben hatte. Man könnte dies als Beschreibung eines höchsten Liebesglücks verstehen. Die Ablehnung der Projektion, die der Andere an mich heranträgt, könnte schon Ausdruck einer verminderten Liebe bzw. Liebesbereitschaft auf meiner Seite bedeuten. Also werdet Schauspieler und spielt die Rolle, die der Andere euch anträgt, damit das Liebesglück in seiner Reinheit erstrahlt? Solch ein Versuch zerbricht im allgemeinen, und man wird nicht geneigt sein, dies als Liebesideal zu empfinden, sondern höchstens der Kategorie »kurze schauspielernde Ferien vom Ich auf der Suche nach dem Glück« zuweisen wollen.

Dann aber wären alle Ereignisse im Leben Hölderlins, die sich auf Susette Gontard, seine Diotima, beziehen, lediglich als Realinszenierung eines dichterisch entworfenen Stoffes zu lesen, der seine Quellen vielleicht aus einem ganz anderen Bereich bezieht als aus der Liebe zu einer ganz bestimmten Frau, aus Quellen, die vielleicht Wellenbilder hervorsprudeln lassen, die etwas ganz anderes darstellen, als daß sie von ihrem Ursprung zeugen. Hölderlin, der im *Hyperion* seine Gefühle lesbar macht und sie im späteren Leben in dieser Lesart auch lebbar machen will, verfügte vielleicht über eine völlig andere Seelenharmonie und Seelenkonstitution als in dieser radikalen Verehrung für Diotima zum Ausdruck kommt. Das Stillhalten der Diotima wäre nun aber keinesfalls grundsätzlich aus den Möglichkeiten der Suche nach Liebesglück und Lebensglück zu verbannen. Es wäre jedoch ein Irrtum, anzunehmen, Hölderlins Lebensbeziehung könnte nicht mehr als ein Ideal von Liebe gelesen werden, wenn man die Freiheit der Person und das Unerwartete ihres Verhaltens gerne bewahrt und in den »Liebeserguß «mit eingebracht sehen möchte. Vielleicht war Susettes »Atemanhalten« angesichts des überschwenglichen und vielleicht auch drängenden Jünglings ja auch als Gestalt ihrer Freiheit zu lesen, die sie sich in ihrem Dasein als Bankiersgattin erobern wollte. Vielleicht war ihre Lektüre der Griechen die Vorbereitung auf eine Freiheit, die im Zusammentreffen zweier idealischer Sprachen ihre vorauseilende Verschmelzung fand und gar nicht nach weiteren Bestätigungen von Freiheit und Eigensinn suchen wollte. So konnte es geschehen, daß Hölderlin die Einheit von Schrift und Leben, von entworfenem Skript und wirklichem Roman, finden konnte und in dieser Einheitslust nicht gewillt war, jene Passagen des Textes umzuschreiben, die aufgrund der bevorstehenden oder sich verwirklichenden Erfüllung ihre düstere Tiefe hätten verlieren dürfen. Aber vielleicht war dies der Tribut des Lebens an den Text und den vermeintlichen Gewinn von Einheit, daß das Leben das Düstere auf sich nehmen mußte, das der Text nicht zu vermeiden gewußt hatte.

So wurde Hölderlins Liebe zu Susette Gontard unabhängig von der Frage der verwirklichten Vereinigung zu einem »Identitätsgeschehen«, bei dem die Willfährigkeit des einen die Lust beider ermöglichte und für beide dabei durchaus ein Handeln aus Freiheit veranschlagt werden kann. Allerdings, unserer heutigen Sprache etwas näher, beschreibt eine Szene aus dem Leben des Kriminalschriftstellers George Simenon das Stillhalten des Anderen vielleicht angemessener als es unter den Verwicklungen des Literarischen zutage tritt. Als sich George Simenon seiner Haushälterin zum ersten Mal näherte, trat er von hinten an die leicht gebückt am Waschbecken Tätige heran, um ihr den Rock nach oben zu schieben. Mit großer Begeisterung beschreibt er, daß sie in keiner Weise signalisierte, weder mit Bewegung, noch Wort, noch Laut, das Geschehende und nun Folgende wahrzunehmen. Das Verschwinden von Alterität als Quelle von Unerwartetem, wie es in einer Romanfigur gestaltet werden kann, zeigte sich hier im Leben und gewährte dem Schriftsteller das Glück, das er im Schreiben kaum realisieren konnte. Zu Recht wird von Elisabeth Bronfen auf die politisch-gesellschaftliche Problematik dieser Verhaltensweisen hingewiesen, der zufolge die »stillgelegte Frau« (so ein Ausdruck von Annemarie Pieper) oder gar der kalte starre Leichnam (Elisabeth Bronfen) die dem Manne angenehmste Gestalt der Begegnung mit dem anderen Geschlecht darstellt. Wenn wirklich solch eine Tendenz im Verhalten des Mannes angelegt ist, vielleicht aber grundsätzlich für unser Verhalten gegenüber anderen gilt, so kommt dem große politische Bedeutung zu, der zufolge wir selbst, wenn wir an den Verhältnissen (riesiger Aufwand an Psychotherapie, Aufklärung usw.) nichts ändern können, so doch auf die grundsätzlichen politischen Folgen (Kaltstellung des Anderen bis hinein ins Verhältnis der Völker) achten müssen. Diese Hinweise ändern jedoch nichts an der literarischen Bedeutung Hölderlins im Zusammenspiel von Literatur und Biographie. Sie verschärfen die Bedeutung sogar, lassen aber deutlich werden, daß es sich nicht, wie fast nie, um das einfache Verhältnis einer großen Liebe handelt, sondern daß hier, wie fast immer, auch das Literarische mit seinen eigenen Kräften hineinspielt. Es handelt sich dabei um ein anderes literarisches Geschehen als bei George Simenon, der nach eigenen Angaben in seinem Leben »zehntausend« Frauen liebte und in seinen Kriminalromanen stets den Einbruch des »Unerhörten« in die bürgerliche Existenz thematisierte. Vielleicht sind die Unterschiede aber gar nicht so groß, wenn auch Susette nicht wie bei Simenon eine von zehntausend war, bei der Individualität aus Gründen der »Übersichtlichkeit« »stillgelegt« werden mußte. So war sie vielleicht doch ein »Tausendschönchen« in dem Sinne, daß sich in ihr in Allgemeinheit das zusammenfaßte, was die Vielfalt des Anrührenden bei vielen betraf, so daß ihre Individualität gerade nicht im Besonderen, sondern in der heftigen Wucht des Allgemeinen für Hölderlin zutage oder zumindest ihm entgegentrat.

Liebe als Ausweitung und Einschränkung zugleich

Liebe auf den Begriff zu bringen, ist möglicherweise ein völlig unrealisierbares Unterfangen. Daß man sie noch nicht besitzt, wenn man sie auf den Begriff gebracht hat, ist ohnehin klar. Aber auch die adäquate Begrifflichkeit zu finden, stellt ein Unternehmen dar, welches die deutliche zeitgeschichtliche Abhängigkeit auch der Kategorisierung von Liebe zutage fördert. Die Hirnforschung ist weit davon entfernt, ein neurophysiologisches Modell der Liebe zu liefern, auch wenn auf neurochemischer Ebene einige Transmitter namhaft gemacht wurden, die bei Sexualität und Paarbeziehung (typischerweise an Nagetieren untersucht) eine Rolle spielen sollen. Für meinen Geschmack sind wir noch nicht einmal so weit, verständlich machen zu können, worin das Charakteristische von Begehren liegt und warum ein Organismus so etwas wie Begehren entwickeln kann. Daß diese Vorgänge von Hormonen abhängig sind, macht ihre Eigenart noch nicht verständlich. Ähnliches gilt für die Liebe zu einem bestimmten Partner. Von seiten der Neurowissenschaften wird in diesem Zusammenhang zwar das Oxytozin angeführt, das bei Präriemäusen die Paarbindung fördert. Bis zum gestalteten Erlebnisraum der Verliebtheit und dem Versuch seiner Beschreibung ist natürlich ein weiter Weg. Es ist müßig, diese Unterschiede herauszuarbeiten, die so offenkundig und selbstverständlich sind, daß man sie nicht gegeneinander ausspielen sollte. Das Unzureichende biochemischer Modelle zu betonen, führt nicht weiter. Im Gegenteil, die

Unterstützung der Forschung in diesem Bereich hilft vielleicht bei der begrifflichen Auseinandersetzung mit den in Frage stehenden Phänomenen. Legt man die als unzureichend angesehenen naturwissenschaftlichen Erklärungsmodelle beiseite, so befindet man sich in der Verlegenheit, angesichts der Phänomene der Liebe auch nicht allzuviel Klares und begrifflich Faßbares vorzufinden. Die Rede bleibt weitgehend im Bereich gleichsam dichterischer Aussagen stecken. In die Situation, Voraussetzungen machen zu müssen, geraten beide, Dichter wie Hirnforscher gleichermaßen. Die Hirnforschung benutzt dabei zur Zeit das Konzept der »Theory of Mind«, von dem her Interaktionen zwischen Menschen und ihre Projektionsmechanismen systematischen Kontrollen unterworfen werden können. Dabei handelt es sich aber um Kurzzeitexperimente, bei denen keinesfalls die Konstellation eines großen biographischen Entwurfs abgefragt werden kann. Die »Theory of Mind« ist dabei auch auf das Konzept von Ich und Anderen (und dem Bild vom Anderen) bezogen, während Hölderlin in seinen Reflexionen, indem er das »Alles« anspricht, Bewegungen in den Blick nimmt, die von vornherein nicht unbedingt die Grenze zwischen Ich und Anderen, keinesfalls jedoch eine für objektiv gehaltene Grenze zwischen Ich und Anderen, annimmt. So deutet Hölderlin die Liebe von der Beziehung zum Ganzen her, wobei er aber nicht nur einen Trieb oder ein Streben, das auf das Ganze gehen würde, ansetzt, sondern deutlich macht, daß dem »auf das Ganze gehen« eine Bewegung der Absonderung entspricht. Liebe besteht also nicht einfach in dem Wunsch, mit allem zu verschmelzen, und auch nicht einfach in der Betonung von Differenz, sondern gerade in der Verbindung beider, von Vereinigung und Abgrenzung zugleich.

Angesichts der Versuche der Hirnforschung, Hirntätigkeit durch die Beziehung von Ganzem und Teil zu charakterisieren, kann es lohnend erscheinen, solche Denkansätze von ihrem »totalitären« Tonfall zu befreien zu versuchen. Zunächst auch deswegen, weil Hölderlin eben nicht nur das Streben nach dem Ganzen (mit der Gefahr der Abschaffung des Anderen) im Blick hat, sondern zugleich die Differenzbildung betont. Dann läßt sich in diesem Zusammenhang der Hölderlinsche Ansatz der zwei »Bewegungen« (von Prinzipien möchte ich lieber nicht sprechen) allerdings auf interessante Weise für eine Zeitdiagnose verwenden, insofern, als die beiden von diesem Ansatz her für die Liebe konstitutiven Bewegungen (Vereinigung plus Differenzbildung) nicht selten in isolierter Form auftreten und dabei in ihrer Isoliertheit auf verschiedene Personen verteilt sein können, wobei deren Aufeinandertreffen natürlich zu den interessantesten (wenn auch nicht schmerzlosen) Interaktionen führen kann. Man stelle sich vor, jemand sei der Ansicht, seinen Liebesbeteuerungen würde nur geglaubt, wenn er die weit hinauslangende Vereinigungssehnsucht zum Ausdruck bringe, bei der anderen Person wird aber nur die völlige Zurückhaltung als Signum der Liebe verstanden. Die Mißverständnisse scheinen in solchen Fällen vorprogrammiert, so daß beim Streit um Differenz und Einheit, wenn man sich überhaupt noch auf diese Terminologie einlassen will, der Hölderlinsche Hinweis, das Zusammengehen beider sei die Liebe, vielleicht Berücksichtigung finden sollte. Mit dem Hölderlinschen Vorschlag der zwei Bewegungen scheint die Gefahr des inflationären Narzißmus, die bei der Lust der Identifikation mit dem Ganzen besteht, durchaus gemindert. Zugleich besteht auch nicht die Gefahr, in der Betonung der Differenz eine schroffe Zurückweisung zu vermuten. Die Korrespondenz beider Bewegungen könnte eine gute Prognose für die seelische Interaktion gestatten. Dennoch muß man festhalten, daß bei diesem Hin und Her von Ausdehnung und Retraktion, von Vereinigung und Differenzbildung (man möchte fast sagen, von Emanation und Zimzum, wenn denn das Ich hier wie unter seiner Alleinherrschaft stehend erscheint) doch auch die Bewegung einer Spiegelung nachgezeichnet wird, die von mit der Spiegelung einhergehenden Risiken nicht frei sein dürfte.

Der Ruf, sich bitte nicht narzißtisch zu verlieben, entbehrt jedoch einer Gebrauchsanleitung für nicht-narzißtische »Liebesmechanismen«. Menschen verlieben sich. Punktum. Vielleicht aber, daß sie sich erinnern, auch über die Spiegel hinauszuschauen.

Die trockenen Seelen

Die trockene Seele ist die weiseste und beste.
Hybris soll man noch viel mehr löschen als ein
Großfeuer. (Heraklit, *Fragmente* 88, 100)

Für Heraklit macht das Feuer das Maß deutlich, denn es flammt auf nach Maßen und verlöscht nach Maßen. Das Feuer ist für ihn keine alles verzehrende Macht. Die Sonne, sagt er, würde ihre Maße nicht überschreiten, da sonst die Erinnyen, die Schergen der Dike, also der Rache- und Gerechtigkeitsgöttin, sie heimsuchen würden. Da das Feuer nach Maßen aufflammt und erlischt, kann Heraklit ihm sogar die Funktion des Richtens und der Vernunft zuschreiben. Das Feuer richtet alles und das Feuer ist vernunftbegabt, sagt Heraklit. Da es für ihn also ein Maß gibt, kann er auch die Vermessenheit bestimmen. Vermessenheit liegt vor, wenn man das Maß des Feuers nicht respektiert. Aus diesem Grunde ist aus Heraklits Sicht Vermessenheit früher zu löschen als die Feuersbrunst. Dies erscheint verständlich, bedenkt man, was für unheimliche

Flächenbrände vermessene Menschen und Völker auslösen können. Dennoch scheint uns heute diese Aussage sehr weit zu gehen, denn wir werden wohl kaum dem Feuer überlassen, in welchem Maße es das vom Menschen Aufgebaute möglicherweise verzehrt. Gegenüber dem Feuer sind wir keineswegs gelassen und treffen alle Vorkehrungen, es zu bekämpfen. Aber vielleicht ist es gut, daß wir daran erinnert werden, uns mehr um unsere Vermessenheit zu kümmern. Natürlich differenziert Heraklits Entwurf nicht zwischen Naturphilosophie und der Perspektive des Einzelnen. Das Feuer geschehen zu lassen, können wir nicht erdulden und ertragen, wenn es einen Einzelnen trifft. Hieran wird ein anderes Maß deutlich, das Maß der Moderne, die die Rechte des einzelnen Menschen betont. Dennoch muß man bei der Deutung Heraklits vorsichtig sein, will man entscheiden, inwieweit es sich um eine Aussage mit einem deutlich naturphilosophischen Akzent oder einem metaphorischen Aspekt handelt, der für uns heute vielleicht für die Charakterisierung von Seelenkräften herangezogen werden kann. So macht Heraklit auch Aussagen über die Seele und sagt, die trockenen Seelen seien die besten. Warum dies? wird man fragen. Aber nach dem Vorhergesagten wird deutlich, daß natürlich die trockenen Seelen am besten auf das Feuer, das alles richtet und allem sein Maß gibt, vorbereitet sind.

Solch eine Gelassenheit wird uns heute kaum gefallen. Wir wollen das Individuum vor der Vergänglichkeit bewahren und die Zukunft vieler sichern. Aus dem zyklischen Weltbild des Werdens und Vergehens, des Aufflammens und Verlöschens treten wir heraus, um mit der Hoffnung und im Vertrauen auf eine Zukunft, der Welt ein anderes Maß zu geben. Doch welches? Zurück zum Kreislauf der Dinge werden wir kaum wollen, da die Überantwortung des Menschen an das bloße Werden und Vergehen nicht scharf genug gegen die Brandstifter formuliert ist. Ist alles nur Werden und Vergehen, verliert sich die Rücksichtnahme auf den Einzelnen.

Doch auch Heraklits Vorstellung vom Aufflammen und Verlöschen war nicht ohne Hoffnung, denn in den Bildern der Sonne, die aufsteigt und verlöscht, zeigt sich die Wiederkehr der Dinge und nicht nur die bloße Vergänglichkeit. Um diese Vorgänge etwas genauer zu verstehen, ist es hilfreich, sich zu vergegenwärtigen, daß das Begriffsrepertoire des Feuers, das aus der Kosmologie stammt, auch einige Beziehungen zur griechischen Medizin aufwies. In dieser war das als Fieber auftretende Feuer keineswegs ein schlechtes Zeichen, sondern zeigte vielmehr den Umschlag zur wirklichen Genesung an. Den Umschlag, die Metabolie, hob auch Heraklit hervor, indem er äußerte, daß das ätherische Feuer im menschlichen Körper umschlägt und ausruht: »Sich wandelnd ruht es aus.« *(Fragment 70)*. Noch heute kennt die Physiologie und Medizin den Begriff des Metabolismus. Er bezeichnet den Stoffwechsel und damit die Verbrennungsprozesse im Körper. Dieser Vorgang des Umschlags im Krankheitsverlauf, z. B. vom höchsten Punkt des Fiebers aus zu genesen, hat bei der Beschreibung gesellschaftlicher Prozesse in der Antike eine große Rolle gespielt. Nicht zuletzt ist auch die Idee des dialektischen Umschlags bei Hegel auf solche Ursprünge zurück verfolgbar.

Aber sowohl die Kosmologie (das Feuer der Sonne, der Wechsel von Tag und Nacht usw.) als auch die Untersuchung von Krankheitsverlauf und Physiologie sind unzureichend, um dem Menschen im Handeln das Maß zu geben, anhand dessen er sich als ethisch Handelnder verstehen könnte. Der geschichtliche Abschnitt liegt nicht allzuweit zurück, als die Würde des Individuums den Prozessen der Dialektik unterworfen wurde, als ob der

Mensch unter die Gesetze von Kosmologie und Physiologie subsumiert werden dürfe. Bei Heraklit finden wir nicht das Maß für eine Ethik, die das Individuum ausreichend respektiert. Dennoch kann die Lektüre seiner Fragmente davor warnen, das Individuum in einem weltfreien Raum zu betrachten, das über die Dinge schalten und walten kann, als ob sie dabei nicht zu Grunde gerichtet werden könnten. Schließlich kann gerade in dem Versuch, alles Zerstörerische abzuwehren, eine Betonierung der Erde erfolgen, die sich am Ende selber als Zerstörung erweist.

Heraklits Gelassenheit gegenüber dem Feuer war vielleicht von den im mediterranen Bereich nicht seltenen Waldbränden geprägt, die, wenn sie sich erst einmal genügend ausgebreitet hatten, zumeist selber zum Erliegen kamen und im Rhythmus der Jahre neue Fruchtbarkeit ermöglichten. Heraklit hatte noch nicht im Blick, welche Möglichkeiten der Entfesselung des Feuers den Menschen heute zur Verfügung stehen. Er hatte noch einen Kreislauf zwischen Erde, Feuer, Luft und Wasser vor Augen, in dem der Mensch sich nicht mit Begeisterung entflammen, sondern versuchen sollte, möglichst eine trockene Seele zu erlangen. Diese Gelassenheit, die auch gegenüber der flammenden Leidenschaft Zurückhaltung empfiehlt, schließt diese aber nicht aus und bringt auf diese Weise das Feuer zur Geltung, ohne es willentlich herbeizurufen. Dies ist Gelassenheit: Sehen, ob es kommt oder ob es nicht kommt, aber zumindest nicht selber zündeln. In diesem Punkt waren die Dichter oft ungeduldig. Der moderne griechische Poet Seferis projiziert das noch in seine Natur: »Wie die Pinie mittags beherrscht vom Harz sich eilt, die Flamme zu gebären ...« (Jorgos Seferis, *Geheime Gedichte*, XIV). Ein größeres Drama evoziert Hölderlins Ruf: »Jetzt komme, Feuer!« (F. Hölderlin, *Der Ister*)

»Mein Herz wird untrügbarer Kristall,
an dem das Licht sich prüfet.«

Ihr Blüten von Deutschland, o mein Herz wird
Untrügbarer Kristall, an dem
Das Licht sich prüfet, wenn   Deutschland
(F. Hölderlin, *Vom Abgrund nämlich …*).

In der kopernikanischen Wende, die Kant mit seiner *Kritik der reinen Vernunft* vollzog, konzipierte er die Natur als vom Subjekt abhängig und nicht umgekehrt den Menschen in seinem Denken von der Natur abhängig. Um das Umkehrungsverhältnis zwischen Natur und menschlicher Vernunft zu charakterisieren, griff Kant auf das Bild des Sonnensystems zurück. Er schlug vor, ähnlich, wie man erfolgreich dachte, daß die Sonne sich nicht um die Erde, sondern die Erde sich um die Sonne dreht, einmal zu denken, daß die Vernunft sich nicht um die Natur, sondern die Natur sich um die Vernunft dreht. Kant hat in seiner rationalen Orientierung dieses Bild nur in der Vorrede zur *Kritik der reinen Vernunft* benutzt und dann nicht weiter ausgebaut. Für dichterische Gemüter ist es aber verführerisch, diesem Bild weiter nachzusinnen, liefert es doch dem Denken und der Vernunft Anregungen, die Ausarbeitung des Rationalen einer bestimmten Orientierung zu übergeben.

Auf jeden Fall sehen wir die Schwierigkeit, Bilder der Weltdeutung in ihren Abgrenzungen zu situieren, ohne dabei wieder auf Bilder zurückzugreifen. Das dichterische Gemüt Hölderlins hat den Grundgedanken der *Kritik der reinen Vernunft* in der poetischen Dimension ausgekostet. Schon Goethe hatte die Wissenschaftslehre Johann Gottlieb Fichtes über das Verhältnis von Ich und Nicht-Ich im dichterischen Kleid in der Beziehung von Faust und Mephisto ausgedeutet. Man weiß, daß er durch Fichtes Wissenschaftslehre von 1794 angeregt war, dieses Verhältnis zwischen dem Ich und seinem Doppelgänger bzw. Schatten oder vermeintlichen Diener tiefer auszuloten. Man kann sagen, daß Hölderlin auf ähnliche Weise den Grundgedanken der *Kritik der reinen Vernunft* ins Dichterische gewendet hat, dabei aber auch an die Grenzen der menschlichen Existenz geraten ist. Denn diese Bilder sind nicht Ausschmückungen idyllischer Landschaften, sondern betreffen die Situierung der eigenen Ich-Kraft im Verhältnis von Geist und Natur, von Vernunft und der Beziehung zu den Dingen.

Ein zentraler Gedanke Kants liegt darin, daß die gleichen Kategorien, mit denen wir die Außenwelt wahrnehmen, auch die Außenwelt konstituieren. Wollte man es im Bild der kopernikanischen Wende formulieren, so müßte man sagen, daß ich das wahrnehme, was ich selber erzeuge. Natürlich war Kant in diesem Punkt höchst differenziert. Die Wahrnehmung seiner Philosophie führte aber oft dazu, die Dinge als bloß vom Ich abhängig zu deuten. Die Sonne war damit nach der kopernikanischen Wende der kantischen Philosophie nicht mehr etwas, was sich um den Horizont meines Ichs drehte, sondern von diesem abhängig. Hölderlin formulierte dies mit aller dichterischen Radikalität, wenn er sagt, daß sein Herz untrügbarer Kristall wird, an dem das Licht sich prüft. In seinem frühen Roman *Hyperion oder der Eremit in Griechenland* ist dementsprechend Hyperion der Sohn des Apoll bzw. Phoibos die Zentralgestalt. Hyperion übernimmt von seinem Vater den Sonnenwagen, um ihn zu lenken, stürzt angesichts der heißen Flammen jedoch ab. Anders als im Anspruch der kopernikanischen Wende konzipiert, lassen sich die Dinge der Natur (hier die Sonne) nun doch nicht unter den Anspruch des Ich zwingen.

Man kann Hölderlins Lebensweg als Verwirklichung dieses früh entworfenen Drehbuchskripts interpretieren.

Nicht nur wird die geliebte Diotima in diesem Roman später auf die wirkliche Susette Gontard projiziert, auch das Absturzschicksal des Hyperion erleidet Hölderlin in der Tiefe seiner Seele. Mit den Metaphern des Lichts und des Feuers ist offenbar kein leichter Umgang, deuten sie doch auf eine Thermodynamik, in welcher die Informationsverarbeitung sich eher noch in »statu nascendi« befindet. In der Geburt der Vernunft aus dem Magma der Seele werden glühende Lavabilder nach oben geschleudert, deren Wurfbahnen zu kontrollieren auch einer kopernikanisch gewendeten Vernunft nicht ohne weiteres möglich ist. Auf eine seltsame – man möchte fast sagen, geheimnisvolle – Weise rühren die Bilder Kräfte in der Seele an, die diese zum Auflodern oder auch zum Gleichmaß dauerhafter Warmherzigkeit führen können. Verfolgt man Hölderlins poetische Karriere, ohne allzuviel über die Seelendynamik zu spekulieren, so läßt sich an den Metaphern des Kristalls, des Lichts und des Feuers bereits ablesen, was in ihm geschehen ist. Vielleicht braucht man hinter den Bildern nicht noch eine tiefere Wahrheit zu suchen. Die Bilder sprechen für sich bzw. das Schicksal, das in ihnen verborgen ist. In dem Gedicht *Die Wanderung* beschreibt er, wie das Kristall des Eises auf den Alpen unter der Sonne schmilzt:

> Von warmen Strahlen
> Kristallenes Eis und umgestürzt
> Vom leichtanregenden Lichte
> Der schneeige Gipfel übergießt die Erde
> Mit reinestem Wasser …

Und im antizipierenden *Hyperion* wird das Lebensschicksal des Menschen mit stürzenden Wassern von einer Klippe zur anderen hinabfallend verglichen. Hält der Kristall, der das Maß für das Licht sein sollte, dessen thermodynamischen Möglichkeiten nicht stand? Die Metapher von Licht und Kristall ist verführerisch, da sie sowohl unsere Sehnsucht nach dem Licht zum Ausdruck bringt und darüber hinaus, auch im Falle Hölderlins, noch die Herrschaft über diese Möglichkeit erheischen will, darüber aber vergessen läßt, daß Licht auch immer eine Dimension der Wärme aufweist, welche eine Energieform ist, die den Metaphern der Abgrenzung und Herrschaft nicht so leicht gehorchen will.

Die kopernikanische Kontrolle der Sonne ist im Bilde des Hyperion, der den Sonnenwagen reitet, in eine Gefahr geraten. Denn Hyperion kommt dem Feuer dabei besonders nahe. Das Spiel mit Bildern ist ein gefährliches Spiel für die Seele. Hölderlin hat das bewußt herausgefordert und beginnt seine Hymne *Der Ister*, die von der Donau handelt, mit den Worten: »Jetzt komme, Feuer!« Ihm ist, als ob aus dem Orient gegen die Flußrichtung der Donau diese das Feuer nach Germanien brächte. Im Vaterland, so glaubt er, könne es in der Nüchternheit kontrolliert werden. Doch ist diese Nüchternheit nicht jene der hellen Vernunft, die alles durchschaut und damit dem Reich des Apollon doch das Licht streitig macht. Anders gewendet: Läßt die aus dem Bereich des Verzehrs und des Magen-Darm-Traktes stammende Metapher der Nüchternheit darüber hinwegsehen, daß gerade in der Helle der Vernunft Maßlosigkeit angestrebt wird? Ist es nicht die viel gerühmte vaterländische Nüchternheit, eben weil sie die Helle der Vernunft beansprucht, die in diesem Herrschaftsanspruch aber gerade doch maßlos wird?

Im Schwung der Französischen Revolution wendet sich Hölderlin gegen monarchische Prinzipien in der Politik wie in der Religion gleichermaßen. Der christliche Gott als Inbegriff und Legitimateur von Monarchie zugleich wird von ihm in dieser Art nicht akzeptiert. Die Monarchie, die Herrschaft von nur einem Prinzip, will er aber auch in Philosophie und Dichtung nicht anerkennen. Wenn er in dem Aufsatz über *Urteil und Sein* das Sein als der Teilung vorausgehend kennzeichnet, so ist dieses Sein keines, das als monarchisches Prinzip aus der Einheit die Vielheit oder Zweiheit steuernd hervorgehen lassen würde, denn gemäß dem Konzept der Rhythmenkollision und der Tragik entstehen Zerreißungen und Zweiheit nicht nach einem aus einer punktuellen Einheit ableitbaren Prinzip. Deutlich wird dies in seiner Dichtung, wenn er im *Hyperion* die Beziehung der Hauptfigur mit Diotima unter dem Sinnbild der Nacht verwirklicht sieht. Auch diese Vereinigung bleibt den Gesetzen der Tragik gegenüber geöffnet. Poetisch herrscht hier der Polytheismus, denn an der Nacht partizipieren mehrere »Götter«. Bei Hölderlin sind die Sterne gleich Weintrauben und die Priester des Bacchus schweifen in der Nacht umher. Aber natürlich leitet die Licht entbehrende Nacht auch zum Hades über. Damit wird die Nacht, die er in dem Aufsatz *Über den Begriff der Strafe* auch als Ursprung der Nemesis, also der Göttin der Rache und Strafe, ansieht, statt zu einem vereinigenden Prinzip zwischen Hyperion und Diotima, zum Ursprung verschiedenster Geschehnisse. Statt Integration werden Tod und Rache und vielleicht auch »Abrechnung« von ihr hervorgebracht. Die Vereinigung Hyperions mit Diotima geschieht nicht unter einem philosophischen Prinzip der Einheit oder einem einheitsstiftenden Höchsten, sondern in der Überantwortung an das Leben mit all seinen Schrecken. An den von Hölderlin genannten Ausweg der Heiligung des Namens, die noch nicht eine starre Monarchistik implizieren muß, sollte vielleicht gerade in diesem Zusammenhang erinnert werden, auch wenn dies im *Hyperion* gerade nicht thematisch wird.

Der Wurf gegen das Helle

Für die Charakterisierung des Denkens werden nicht selten Metaphern aus dem Bereich einfacher Handlungen herangezogen. Eine wichtige Metapher stellt die Bewegung des »Setzens« dar, der zufolge der menschliche Geist in der Lage ist, sich selber zu »setzen«, d. h., sich einen Anfang und eine Struktur zu geben (so der deutsche Idealismus, insbesondere bei Fichte). Dagegen wurden gegenläufige Bewegungen hervorgerufen, insbesondere dann, wenn man meinte, sich im Raum des freien Setzens zu bewegen. Unter dem Stichwort der »Geworfenheit« wurde reklamiert, daß gerade dann, wenn das Ich glaubt, sich am meisten zu bestimmen, das Schicksalhafte, das Geworfensein zum Zuge kommt. Das heißt, mein Schicksal, das, was ich nicht beeinflussen kann, tritt besonders gerne im Garant meiner freien Entscheidung auf. Nicht selten will man später diese Entscheidung sich selber nicht mehr zurechnen und sieht sich durch den weiteren Lebensverlauf als ein Verwandelter an. Diese Verwandlung ist nicht selten durch das bedingt, was das von mir Unbesetzbare im weiteren Leben gestaltete.

Weniger kühn als das Setzen, das nicht nur den Lebensplan, sondern die Struktur des eigenen Egos bestimmen will, ist das Konzept des »Entwurfs«, der sich zwar auch auf die Konzeption des eigenen Ich, zumeist mehr aber noch auf die Gestaltung der Lebensinhalte bezieht. Das Konzept des Entwurfs verweist auf einen Rationalitätszusammenhang, gegen den er sich absetzen soll, gegenüber dem er aber gerade dadurch Rechenschaft ablegen kann. Der Entwurf beinhaltet zumindest weniger Radikalität als die Setzung.

In das Spiel von Setzen, Entwurf und Geworfensein fügt Hölderlin nun noch ein weiteres Element ein, nämlich den »Wurf« selber:

> ...
> Der Höchste wendet
> Darob, daß nirgend ein
> Unsterbliches mehr am Himmel zu sehn ist oder
> Auf grüner Erde, was ist dies?
>
> Es ist der Wurf des Säemanns, wenn er faßt
> Mit der Schaufel den Weizen,
> Und wirft, dem Klaren zu, ihn schwingend über
> die Tenne.
> Ihm fällt die Schale vor den Füßen, aber
> Ans Ende kommet das Korn,
> Und nicht ein Übel ists, wenn einiges
> Verloren gehet und von der Rede
> Verhallet der lebendige Laut,
> Denn göttliches Werk auch gleichet dem unsern ...
> (F. Hölderlin, *Patmos*)

In der Formulierung vom »Wurf dem Klaren zu«, klingt die bäuerliche Arbeit der Getreidebearbeitung an. Um die Spreu vom Weizen zu trennen, wurde das Ungetrennte mit einer Schaufel im Wurf zur Trennung gebracht, da der Weizen der Wurfbewegung folgte, während die Spreu langsam zu Boden schwebte oder vom Wind zur Seite gefegt wurde. Dies ist eine interessante Metapher für ein Verhältnis, das von der Hirnforschung in den Blick genommen wird. Man könnte meinen, daß die Hirnforschung die interessantesten Metaphern liefert, um die Tätigkeit des Geistes zu beschreiben, aber um diese Metaphern aufzuspüren, muß zunächst mit Metaphern aus unserer Welt an das Gehirn herangegangen werden. Mit diesen Lockmetaphern kann dann der Reichtum des Gehirns freigesetzt werden. Der Wurf dem Klaren, Hellen zu stellt solch eine Metapher dar, mit der Aspekte der Hirntätigkeit herausgearbeitet werden können.

Ich hatte bereits auf ein Modell (von G. M. Edelman) hingewiesen, demzufolge die einzelnen Denkschritte im Gehirn durch Gruppenauswahl aktivierter Neuronen charakterisiert werden können. Man kann sich dementsprechend vorstellen, daß bei den rhythmischen Schwingungen, der rhythmischen Aktivierung größerer Hirnpartien, mit jeder Schwingung eine neue Gruppierung ausgewählt wird. In gewisser Weise kann das Verhältnis zwischen der vorhergehenden und der nachfolgenden Gruppe dabei auch als ein Verhältnis der Abbildung betrachtet werden. Die Gruppe eins sendet zahlreiche Impulse aus, von denen die starken und konvergierenden eine neue Gruppe auswählen, wobei die zeitlich nicht passenden, nicht kohärenten und nicht konvergierenden wie Spreu zur Seite fallen. Dementsprechend wäre jeder Gedanke ein Wurf, der mit den aktivierten Neuronen ins Helle, Klare des nächsten Gedankenschritts gerichtet ist, so daß er dabei eine völlig neue Gruppierung der Elemente bewirkt, wobei nicht wenige Elemente des Geworfenen auf der Strecke bleiben. Die Abbildungsprozesse zwischen verschiedenen Schritten des Denkens könnten in diesem Sinne als Wurf charakterisiert werden, und damit könnte Anschluß an eine Ordnung suchende Mathematik gefunden werden. Das Zeitraummuster im Moment des Wurfes, betrachtet man lediglich ein kurzes Zeitfenster und nicht die Abbildungsprozesse selber, wird allerdings in erster Linie eine chaotische Situation zur Darstellung bringen. Dementsprechend wird der Übergang von einem Gedanken zum anderen in der Hirntheorie auch nicht selten als durch chaotische Prozesse gekennzeichnet dargestellt. Das Konzept des Wurfes führt darüber hinaus und zeigt, wie durch das Chaos des Wurfes hindurch Gruppenauswahlen aufeinander bezogen sein können. Gegenüber den konkurrierenden Konzepten von Setzen, Entwerfen und Geworfensein eröffnet das Konzept des Wurfs einen größeren und interessanteren Beschreibungsraum. Das Konzept der Setzung geht zu sehr von der Stabilität der Ausgangsbedingungen aus. Beim Entwerfen hingegen klingt zu sehr das Konzept geometrischen Konstruierens an, das zumindest mit seinen traditionellen Reißbrettassoziationen der Komplexität des neuronalen Geschehens nicht gerecht werden kann. Das Konzept des Geworfenseins, insbesondere wenn es auch andere Konzepte wie das des Setzens als Sonderfall charakterisieren will, weist auf zahlreiche Momente des Unverfügbaren in den Denkprozessen hin. Im Konzept des Wurfes jedoch kommt zum Ausdruck, daß die Auswahl der Neuronen für die Weiterführung kognitiver emotionaler oder handlungsorientierter Prozesse in erheblichem Maße von der Gewichtung der Neuronenaktivität durch frühere Aktivität, die Richtung des Wurfs und die Aktivität der beteiligten Elemente bestimmt ist. Hölderlins Wurf ist ein Wurf, welcher der Hirnforschung weiterhelfen kann. Bei der Theorie der Abbildungsprozesse fehlt es an Konzeptionen, die zugleich die Auswahl thematisieren. Auch Faltungen sind Vorgänge, bei denen eine Gruppe auf eine andere gelegt oder abgebildet wird. Der Vorgang der Auswahl ist mit dem »Faltenwurf« noch nicht berücksichtigt. Erst im Wurf gegen das Helle, dem Klaren zu, kann dieses genügend thematisch werden.

Destruktion, Konstruktion, Dekonstruktion und
der Wurf gegen das Helle

Das Ausrufen einer neuen Denkrichtung vermittelt manchmal das Gefühl, daß man sich nur an diese Richtung halten müsse, um schon richtig zu denken. Die Rivalitäten zwischen den Ausrichtungen lassen die Notwendigkeit des eigenständigen Denkens aber umso heftiger spüren. Auch Hölderlins Wurf hat eine Richtung, aber es ist der Wurf dem Hellen, dem Klaren zu. Kann man diesen unter den verschiedenen Ismen, die wechselnd populär sind, situieren? Die Destruktion, wie sie nach Heidegger und mit seinen Begriffen vorgeführt wurde, läßt etwas erscheinen, was allem vor allen Differenzierungen zugrunde liegt und von Heidegger als Sein bezeichnet wurde. Hölderlins Methode wäre nicht primär als destruktiv zu bezeichnen, auch wenn er die wichtige Äußerung macht, daß das Urteil in der Teilung von Subjekt und Prädikat das Sein zutage fördert. Möglicherweise ist es das gleiche Sein – wenn man so denn reden will – wie jenes, das hervorbricht, wenn im tragischen Konflikt das Ganze auseinandergerissen wird.

Der Konstruktivist will sich auf so etwas traditionellerweise nicht einlassen, sondern will die Welt konstruieren und dabei selber im Trockenen verbleiben. »Mach mich nicht nass!«, sagt er zur Welt, die er mit seinem Zirkel konfiguriert. Aber auch der Konstruktionsrausch gerät in den Sog der Verallgemeinerung und will am Schluß sich selber konstruieren (die von Hölderlin als ödipal beschriebene Konstellation), so daß am Ende auch das Ich des Konstrukteurs selbst nur als Konstruiertes erscheint. Dann ist er aber auf umständlichem Wege dort angelangt, wo Hölderlin schon von vornherein war, und zwar viel wissender als der Konstrukteur, der die Anhänger des Ich-Diskurses zu ihrer eigenen Auflösung verführte.

Die Dekonstruktivisten in ihrer Vereinigung von Destruktion und Konstruktion machen an keiner Stelle halt. Nach der Auflösung kommt eine neue Konstruktion und ein Begriff wie der des Seins, der ein bestimmtes Ergebnis festhalten würde, wird selber der weiteren Destruktion überlassen, um aus dieser wieder neue Konstruktionen erwachsen zu lassen.

Zen, Freud und die Psychologie danach:
Logik der Liebe

Der Buddhismus versucht das Glück des Nirwana, das mit dem Wort »Nichts« sicherlich unzutreffend übersetzt wäre, mit dem Bild vom »Verlöschen der Kerze« zu charakterisieren. »Verlöschen der Kerze« ist sogar die Übersetzung für »Nirwana«. Mit diesem Bild ist ein Konzept der Energiereduktion angesprochen und gemeint. Interessanterweise findet sich eine ähnliche Position auch beim frühen Sigmund Freud, der auf die energetischen Theorien von Hermann von Helmholtz zurückgriff. In seiner Schrift *Entwurf einer Psychologie* von 1895 nahm Sigmund Freud an, daß der Mensch dann am glücklichsten sei, wenn das Niveau seiner Energien im Nervensystem am geringsten sei. Freud gab allerdings zu, daß es für die Abwehrfähigkeit des Organismus nötig sei, auf ein Minimum an Energien im Nervensystem zurückgreifen zu können. Dieses für die Verteidigung notwendige Minimum nannte er das Ich. Wollte man die geistige Haltung unserer Zeit mit der damaligen Theorie von Sigmund Freud beschreiben, so müßte man sagen, daß wir Organismen mit einer ungeheuren Energieladung für Abwehrmaßnahmen, die nach Freud ein »Ich« zu nennen wären, geworden sind.

Natürlich hat Sigmund Freud selbst später seinen auf das

Nervensystem bezogenen Ansatz verlassen und Energetik (Libido) nicht nur einfach unter dem Gesichtspunkt möglichst großer Verminderung bzw. Reduktion abgehandelt. Es ist jedoch von Interesse, wie die Weiterentwicklungen Freuds in Beziehung zur Frage des Umgangs mit psychischen Energien stehen. Nehmen wir als Beispiel die Theorie von Jacques Lacan, so finden wir hier ein interessantes Modell, das bereits bei der Auseinandersetzung mit Geschlechterfragen und Andersheit für die Theoriebildung und Praxis hilfreich war. In diesem Zusammenhang sind insbesondere die drei Funktionen des Vaters diskutiert worden, die zu einer Analyse patriarchalischer Gesellschaftsstrukturen herangezogen wurden. Dabei zeigt sich, daß die Energieströme, wie sie von den abendländischen und den insgesamt drei monotheistischen Religionen zu lenken versucht werden, durchaus in diesem Falle auch im Sinne der frühen Freudschen Auffassung gedeutet werden können. Bedenkt man, daß unter dem Konzept des Vaters dieser in seiner konkreten Realität, dann aber auch in seiner Funktion und sodann unter seinem Namen angesprochen sein kann, und sieht man fernerhin, daß Gott nicht nur zumeist auf die zweite und dritte Version der Vaterdimension anzusprechen ist, sondern mehr noch eine Macht bedeutet, die noch nicht einem bestimmten Geschlecht zugesprochen werden kann, dann läßt sich sagen, daß der sowohl in der Thora als auch im Neuen Testament befindliche Satz »Du sollst Gott von ganzem Herzen lieben!« durchaus als ein Satz verstanden werden kann, bei welchem unnötige Aufladungen der Seele z. B. durch götzenhafte Glücksriten, unnötige Plänkeleien, Verfallenheiten und Süchte vermieden werden sollen zugunsten einer Befreiung der Seele.

Mit etwas Durchblick läßt sich dann sogar eine Konvergenz zwischen der Position des frühen Freud, des Zen-

Buddhismus und dieser Liebesaufforderung »festmachen« oder zumindest erahnen. Wer keine Scheu hat, auch die Weisheiten der Religionen statt nur Esoterika oder Asiatika, wie sie auch bisweilen in versteckter Form in europäischen Traditionen nachweisbar sind, aufzusuchen, der wird allerdings eine gewisse Verwunderung nicht ganz unterdrücken können, wenn die Aufforderung im Neuen Testament (Lukas 12), Gott mit ganzem Herzen und Verstande und ganzer Kraft zu lieben, verbunden ist mit der Aufforderung, den Nächsten zu lieben wie sich selbst. Bleibt denn da überhaupt noch Energie für sich selbst und für den Anderen übrig, könnte man sich fragen. Der reine Logiker mag antworten, daß der erste Satz den zweiten bereits entleert, da, wenn alle Liebe schon vergeben ist, weitere nicht zur Verfügung stehen kann. Die Logik des Nervensystems ist hinsichtlich der Liebe aber vielleicht anders organisiert. Im menschlichen Nervensystem können verschiedene Funktionen einander überlagern und dadurch, daß eine bestimmte Funktion aktiviert wird, muß eine andere nicht gehemmt, sondern kann dadurch sogar gefördert werden. Man kann es auch anders ausdrücken: Jede Mutter von mehreren Kindern weiß, daß sie jedes einzelne von ihnen mit ganzem Herzen lieben kann.

Insofern ist die Aufforderung zur Liebe zu Gott im Sinne der Lacanschen Psychologie möglicherweise als Aufforderung zur Berührung mit einer Kraft gedacht, die vieles andere mit bekräftigen kann (der Lacanianer würde vielleicht sagen, daß es um die Stabilisierung eines »Signifikanten« geht, der das Imaginäre der Beziehung zum Anderen und Nächsten und zu mir selber zu bestärken vermag). Vielleicht liegt ja in dieser Aufforderung genau jenes Maß von Energetik, das über die Grundfunktionen des Nervensystems nicht hinausreicht und uns weder verbrennen noch verdorren läßt.

Das Globusspiel

Dieses Spiel liegt Jahrhunderte zurück und wurde von Cusanus empfohlen. Es greift die Erfahrung auf, daß wir ein Ziel nicht ohne weiteres direkt erreichen können. Er empfiehlt deshalb ein Spiel mit einer Kugel, welche eine schiefe Wucht aufweist. Das Ziel muß angesteuert werden, indem wir immer etwas daneben schauen. So, wie wir am Nachthimmel die Sterne auch besser erkennen, wenn wir sie nicht direkt fixieren, sondern etwas daneben schauen. Man könnte meinen, daß dies eine interessante Reaktion auf das Phänomen nichtbeliebiger Steuerbarkeit unserer mentalen Prozesse ist, wie es sich auch in Hölderlins Rhythmustheorie findet. Hölderlin geht jedoch einen Schritt weiter, er behält den Wurf gegen das Helle bei und akzeptiert, daß dabei eine Menge Spreu zur Seite fliegen wird.

Die Tränen und die Einheit

Sicher stellt Spinozas Konzeption des Überganges von Gott zur Natur als Substanz des All-Einen einen entscheidenden Schritt in der Geistesgeschichte dar, bei dem die Menschen mit dem Versuch behaftet wurden, sich in diesem All-Einen, da es als Natur ja zumindest teilweise zugänglich erschien, nun auch zu situieren. Hölderlin reflektiert darüber in seinem Gedicht *Wurzel alles Übels*:

> Einig zu sein, ist göttlich und gut; woher ist die Sucht
> denn
> Unter den Menschen, daß nur Einer und Eines nur sei?

Und die Suche nach Einheit ist in der Geistesgeschichte, wenn auch in unterschiedlichem Maße, immer wieder von der Reflexion begleitet worden, ob diese Suche nicht eher als Ausdruck einer pathologischen Störung als ein von sich aus notwendiges Geschehen anzusehen sei. So fragend sich Hölderlin hinsichtlich des Konzepts von Einheit auch verhält, so gehorcht er ihm jedoch in besonderer Radikalität. Hölderlin lehnt den Weg ab, die Einheit vom Ich her zu konstituieren und akzeptiert weder den Ausgangspunkt von einem Absoluten noch von einem empirisch konkreten Ich. Eher schon erscheint ihm die Liebe als Zeichen der Einheit, obwohl diese, wenn er die Selbständigkeit der Person angesichts der Unendlichkeit der Natur nicht ausdrücklich in den Blick nimmt, auf eine Weise gezeichnet wird, bei der die Identität der Beteiligten verloren zu gehen droht. Die Einheit scheint hier über die Liebe zu siegen. Eine Liebe jedenfalls, die auch die Affekte von Verzweiflung in Kauf zu nehmen bereit ist. So ringt er sich zu dem fast furchtbar wirkenden Wort durch, das auf den ersten Blick wie eine ungeheuerliche Treue erscheint, letztlich aber auch eher einer brutalen philosophischen Radikalität entspringen könnte als wirklicher persönlicher Zugeneigtheit:

Auch wir, auch wir sind nicht geschieden, Diotima, und die Tränen um dich verstehen es nicht. Lebendige Töne sind wir, stimmen zusammen in deinem Wohllaut, Natur! wer reißt den? wer mag die Liebenden scheiden?

Immerhin deutet sich hier eine andere Spaltung an als die in Hegels Dialektik, bei der im Modell von Herr und Knecht der eine über den anderen hinwegschreitet, der immer größeren im Staat endenden Synthese entgegen. Hölderlins Liebe akzeptiert nicht das Prinzip des Kampfes, den Hegel in seiner Dialektik zugelassen hat und der später als Klassenkampf aus dieser herausgeschnürt wurde. Hölderlin will den Streit, bei dem der Andere getötet werden kann, nicht zulassen und sagt ganz am Schluß des *Hyperion*:

Wie der Zwist der Liebenden, sind die Dissonanzen der Welt. Versöhnung ist mitten im Streit und alles Getrennte findet sich wieder.
Es scheiden und kehren im Herzen die Adern und einiges, ewiges, glühendes Leben ist Alles.

Hier verschwindet die Liebe in der allglühenden Natur, und es fragt sich, ob noch etwas anderes als der Streit zur Identifizierung des Anderen zurückbleibt, wenn das Glühen nicht mit der Personalität des Anderen, sondern mit dem Alles der Natur in Beziehung steht. In der Tat, Hyperions Liebe ist philosophisch geworden. Sie liefert, indem sie den Anderen nicht mehr recht identifizieren kann, dann allerdings auch keine Merkmale mehr, mit denen Selbstidentifikation geleistet werden könnte. Hölderlin, der die Liebe zu Diotima im *Hyperion* als Skript für sein Leben benutzte, schrieb in der Endphase seines Lebens, als ob er selber Adressat, als ob er selber Diotima wäre. In dem All-Einen der Natur, in dem allgemeinen Glühen waren die Tränen vielleicht verdampft und nicht mehr wahrzunehmen, aber auch die eigene Identität war nicht mehr zu bestimmen.

In der Tat ist die Öffnung der eigenen Ich-Grenzen für den Anderen ein entscheidendes Charakteristikum der Liebe. So sehr Hölderlin auch beide Bewegungen, die der Vereinnahmung wie die der Differenzbildung bzw. Einschränkung als konstitutiv für die Liebe ansieht, so scheint er doch die große Geste, die auf das Eine gerichtet ist, bevorzugt zu betonen. Slavoj Žižek, der die Liebe nicht als »dualen Transzendentalismus«, wie Hölderlin es tut, charakterisiert, warnt vor der Bewegung auf das Ganze. Seiner Meinung nach ist es das Opfer, vor dem man sich hüten muß. In der Tat, das Opfer, die Extension der eigenen Ich-Grenzen, um den Anderen zu empfangen, kann alles mißlingen lassen, da der Andere nicht mehr weiß, an wen er sich hält, an ein Ich mit eigenen Interessen oder an einen großen Raum des Opferkultes, in dem alles akzeptiert wird, was er denn an Wünschen äußert. Die vorauseilende Bejahung, die in diesem großen Opferraum zelebriert wird, kann zu den vertracktesten Kommunikationen führen, da auch die Ablehnung des sich Opfernden in die Mühlräder der Bejahung geraten könnte und mißverständlich statt Opferbereitschaft nun Distanzierung wahrgenommen werden könnte.

Keine Frage, das Herz, das sich öffnet, wird im Anderen, dem es den Raum bereitet, verletzbar, weniger in sich selber. Vielleicht muß nicht vor der großen Opfergeste gewarnt werden, sondern davor, nicht mit dieser zu rechnen. Die hiermit verbundenen Empfehlungen hängen natürlich mit der Grundfrage zusammen, wieviel romantische Liebe man in seinem Leben zulassen will.

3. Hölderlin und der Fehler mit dem Unendlichen

Hölderlin als Logiker

In der Logik gibt es Versuche, Widersprüche z. B. dadurch aufzulösen, daß die Selbstbezüglichkeit einer Aussage ausgeschlossen wird, da die Aussage eines Satzes und die Aussage über den Satz verschiedenen Ebenen zugeordnet werden, die nicht miteinander in Austausch stehen dürfen. Diese Ebenen oder Typen sind in der Typentheorie (von Russell) hierarchisch wohlgeordnet und lassen auf diese Weise selbst Widersprüche vermeiden, wie dies beim Typus des Lügnerparadoxons der Fall ist: »Alle Kreter sind Lügner!« Gemäß der Typentheorie darf dieser Satz nicht auf sich selber angewendet werden, so daß der Satz, auch wenn er von einem Kreter gesprochen wird, seinen Wahrheitsgehalt behalten kann. Achtet man auf typentheoretische Hierarchie, dann kann Herrschaft ausgeübt werden. Gefährdet wäre diese Herrschaft, wenn sie ihre Aussagen »zu unendlich« deuten und auf sich selber anwenden würde. So beruht für Hölderlin (*Anmerkungen zum Oedipus*) die Verständlichkeit des Ödipus-Dramas zentral darauf,

… daß man die Szene ins Auge faßt, wo Oedipus den Orakelspruch *zu unendlich deutet, zum nefas* versucht wird.
Nämlich der Orakelspruch heißt:

Geboten hat uns Phöbos, klar, der König,
Man soll des Landes Schmach, auf diesem Grund genährt,
Verfolgen, nicht Unheilbares ernähren.

Hölderlin bemerkt dazu:

Das konnte heißen: Richtet, allgemein, ein streng und rein Gericht, haltet gute bürgerliche Ordnung.

Ödipus durchbricht jedoch die Herrschaft erleichternde hierarchische Ordnung und wendet das strenge Gericht auch auf den Sohn des Laios an, als den er sich aber erst im weiteren Verlaufe erkennt. Die typentheoretische Unterscheidung wird also durch ein Drängen ins Unendliche durchbrochen. Schließlich erfaßt dieses Drängen ins Unendliche auch das Selbst, obwohl es dieses noch nicht als solches erkannt hatte, sondern nur auf ein zunächst vermeintlich Anderes stößt. Es ist also der Universalisierungswille, der unerwartet zum Selbstbezug führt und dann sogar das eigentliche Problem, das mit dem universalisierten Satz geahndet werden soll, in diesem selbst entdeckt. Auf interessante Weise hat damit Hölderlin bei der Analyse des Ödipus die Problematik der modernen Mathematik mit dem Selbstwiderspruch und der daraus folgenden Grundlagenkrise (die Frage der Russellschen Paradoxien) vorwegnehmen können. Nimmt man Hölderlin genau, dann führt der Universalisierungswille des Mathematikers zum Selbstwiderspruch, wie sich das dann auch am Anfang des zwanzigsten Jahrhunderts abzeichnet. Diese Konstellation ist ja in der Darstellung der modernen Mathematik wohlbekannt. Interessant ist jedoch, folgt man Hölderlins Interpretation des Ödipus und der Darstellung des überzogenen Universalisierungswillens, daß die Ursache des Erzeugens von Paradoxien der Mathematiker selbst ist. Hätte er nicht den Universalisierungswillen, wie dies z. B. beim Umgang mit dem Lügnerparadoxon in der Alltagssprache ist, dann käme er nicht auf den Befund der Paradoxien und seiner selbst als deren Ursprung. Der alltagssprachliche Umgang mit dem Lügnerparadoxon, der nach einer pragmatischen Lösung strebt, und in der Aussage des Kreters, alle Kreter seien Lügner, einen wichtigen, stets praktisch erst noch zu prüfenden Hinweis, aber nicht einen Selbstwiderspruch wahrnehmen möchte, würde die gelingende, nicht von Ödipus heimgesuchte Lebensform darstellen.

Hölderlin als Psychiater

Hölderlin hat Theorien des Wahnsinns entwickelt, denen die Psychiatrie nicht so ohne weiteres gewachsen ist. Er hat sich an mehreren Stellen über den Wahnsinn geäußert, und man kommt zu dem Ergebnis, daß er eine ganz andere Personengruppe als wahnsinnig charakterisieren würde als dies die Psychiatrie gewohnt ist.

Hölderlins Theorie der Genese von Vorstellungen aus der Kollision verschiedener Rhythmen machte bereits deutlich, daß dieser Vorgang nicht in der völligen Helle unseres Bewußtseins stattfindet. Diesen Vorgang trotzdem vom Bewußtsein aus kontrollieren zu wollen, sieht Hölderlin als krank an: »... das geisteskranke Fragen nach einem Bewußtsein.« (*Anmerkungen zum Oedipus*). Bewußtsein ist eher ein krank machender Faktor als die Kraft, aus der Heilung entspringen könnte. Deswegen vermeidet das Bewußtsein auf seiner Höhe auch zusätzliches Bewußtsein. Das ganze Ödipus-Drama erscheint ihm als ein Versuch, ein Zuviel an Bewußtsein zu erreichen.

Insofern ist Hölderlins Theorie des Wahnsinns eine Folge seiner Konzeption von der Genese von Vorstellungen, die eben nicht durch völlige Kontrolle des Bewußtseins unmittelbar erzeugt werden. Die wichtigen Aussagen entwickelt Hölderlin im Zusammenhang mit der Metaphorik des Feuers. Interessanterweise kann Nüchternheit für Hölderlin vermessen sein. Nüchternheit kann, wenn sie das Feuer zu zähmen versucht, das Maß verlieren und vom Feuer überwältigt werden. Den daraus resultierenden Zustand nicht als Buße zu akzeptieren, sieht Hölderlin als den eigentlichen Wahnsinn an. Darin zeigt sich ein unbeirrtes Festhalten an den Gesetzen der Liebe, die Glück und Unglück gleichermaßen verteilen. An ihren Gesetzen nicht festhalten zu wollen, würde bedeuten, in ein Reich der Lieblosigkeit hineintreten zu wollen. Man hätte sich dann zwar von dem vergeltenden Unglück befreit, wäre aber aus den Gesetzen der Liebe ganz herausgetreten. Hölderlin gehorcht diesen Gesetzen und hält das Unglück seiner zweiten Lebenshälfte konsequent durch. Aus seiner Sicht war diese Lebenshälfte nicht vom Wahnsinn bestimmt, sondern ist vielmehr aus dem glatten Gegenteil zu verstehen, nämlich der Akzeptanz des aufgrund seiner Vermessenheit gegenüber dem Feuer ihm Verhängten. Folgt man Hölderlins Wahnsinnsbegriff, dann war nicht er wahnsinnig, sondern ist unsere Zeit wahnsinnig, die den Gesetzen der Liebe und des Umgangs mit dem Feuer zu entrinnen sucht.

Es scheint verständlich, daß man dementsprechend Hölderlin als wahnsinnig erklärte. Ich denke aber, daß es lohnend wäre, die Heimzahlungen, die einem das Leben bieten kann, zu gewahren, um auf diese Weise ethische Maßstäbe unverrückt zu halten, ohne damit gleich in eine einfache Akzeptanz des Unglücks auch der anderen zu verfallen. Wir bedürfen der ethischen Anstrengung, die in Freiheit auch gegen Vergeltungen sich auflehnt, um die Würde anderer und der eigenen Person wieder herauszustellen. Hölderlins Verrechnungstheorie der Ökonomie des Feuers kann für unsere Zeit ein wichtiger Hinweis sein, die Bewahrung der Würde des Einzelnen in Freiheit nicht ganz ohne die Kosten-Nutzen-Rechnung der Natur (Ökologie) und der Psyche (Psychohygiene) zu betreiben. Eine Freiheit, die auf den Trümmern der Welt und der Psyche errichtet ist, wird keinen glücklich machen. Insofern können wir Hölderlin dankbar sein, der alles auf die Gesetze der Liebe zurückzuverweisen versucht, die besagen, daß wir die Seite des Glücks alleine nicht einkaufen können.

Vergleicht man den von Hölderlin empfohlenen Umgang mit dem Feuer mit dem Konzept Heraklits, so ergibt sich doch ein wesentlicher Unterschied, der Hölderlin als Abendländer charakterisiert. Dennoch greift sein hisperischer Charakter etwas »Orientalisches« auf. Für Heraklit liegt im Feuer die Vernunft und das Maß. Für ihn ist, wie bereits oben erwähnt, »die trockene Seele die weiseste und beste« und »Hybris soll man noch viel mehr löschen als ein Großfeuer«.

Nimmt man diese Sätze zusammen, dann läßt sich annehmen, die trockenen Seelen seien deswegen gut, weil sie dem verzehrenden Feuer keinen Widerstand leisten, denn dies wäre ja Vermessenheit, die dem Maß des Feuers entgehen will. Diesen Gedanken übernimmt Hölderlin allerdings nur teilweise. Er ist nicht der Ansicht, man solle dem Feuer bereitwillig die Flanke hinhalten, sondern meint, es solle durch Nüchternheit zu zähmen versucht werden. Dabei könne das Maß aber verlorengehen und in Vermessenheit mehr Feuer zu zähmen versucht werden als einem möglich ist. In der vorgeschlagenen Heraklit-Deutung wird dem Feuer von vornherein der Segen zugesprochen ähnlich dem Satz von Seferis: »Wie die Pinie mittags beherrscht vom Harz sich eilt, die Flamme zu gebären …«. Hölderlin übernimmt jedoch den Aspekt der Gerechtigkeit des Feuers und ist der Ansicht, diesem sei, wenn man sich verkalkuliert habe, nicht zu entfliehen. Sein von anderen so gedeuteter Wahnsinn wäre eben aus seiner Sicht kein Wahnsinn, sondern die gerechte Buße für einen vermessenen Umgang mit dem Feuer. Aus heutiger Sicht wird man jedoch dazu neigen, sein extrem beharrliches Festhalten an seinem Schicksal als einen Irrweg zu deuten. In der Tat ist das Gehirn nicht nur Verrechnungsanstalt für üble Taten, sondern ein kreatives Organ der Umdeutung, das sich gegen Heimzahlungen und Verrechnungen kulturell stets zu wehren versucht hat. Nicht wenige Religionen haben unter dem Begriff von Gnade oder Barmherzigkeit die kalkulatorische Entlohnung eines Karmas zu durchbrechen versucht. Hölderlin, statt in der Liebe seinen ganzen Mut aufzubieten und von der Mutter einen Erbteil zu fordern, mit dem er Susette Gontard vielleicht zu einem riskanten Abenteuer hätte überreden können, versucht in der Liebe nicht Radikalität, sondern Contenance oder auch vielleicht »Nüchternheit« zu bewahren, um dann fünfunddreißig Jahre lang der mißlungenen Kalkulation nachzuhängen. Hat er nicht vielleicht doch, statt zuviel Nüchternheit im Sinne einer Kalkulierbarkeit des Feuers, Vermessenheit eher darin gezeigt, daß er nicht alles für dieses Feuer getan hat? Hat er abendländisch das Feuer unnötig, statt es zu zähmen, gar vernichtet? Es ließe sich viel darüber nachdenken, ob die vielgerühmte Nüchternheit in der Hölderlinschen Konzeption nicht als solche schon die Fehlkalkulation beim Umgang mit dem Feuer darstellt und das nachfolgende Aushalten des Schicksals eine unsinnige Akzeptanz des Verglühten bedeutet. Aber natürlich geraten hier die Metaphern des Feuers an ihre Grenze, und der Umgang mit dem Feuer bleibt eine individuelle Entscheidung. Auf den ersten Blick vermag Nietzsche mit seiner Äußerung, daß er offenbar eine Flamme sei, die immer Verkohltes hinter sich lasse, dem heraklitischen Gedanken des Bereitseins für das Feuer sogar zu entsprechen:

> Ja! Ich weiß, woher ich stamme!
> Ungesättigt, gleich der Flamme,
> Glühe und verzehr' ich mich.

Licht wird alles, was ich fasse,
Kohle alles, was ich lasse:
Flamme bin ich sicherlich!
(F. Nietzsche, *Ecce homo*).

Doch auch Nietzsche wird vom Zusammenbruch einge-
holt. Vielleicht ist das heraklitische Feuer der Gerechtigkeit eine doch tiefere Kraft als wir das in unseren schnellen
Entwürfen des Lebens zu kalkulieren vermöchten.

Was gegen Hölderlins Geisteskrankheit spricht

Von einigen Psychiatern wird die Ansicht geäußert, daß
Hölderlin geisteskrank war, weil er, so vor allem in der Beziehung zu Susette Gontard, völlige Lebensfremdheit gezeigt habe. Selbst wenn dies der Fall war, bleibt die Frage
offen, ob es sich um eine Geisteskrankheit handelte. Die
Frage der Lebensfremdheit kann hier nur eine untergeord-
nete Rolle einnehmen, da sie ja Folge eines Lebensent-
wurfs ist, der als solcher nicht nur an den Kriterien der
Lebensnähe zu bemessen ist. Die Frage muß auch ganz
anders gestellt werden. Da Hölderlin die Beziehung zu
Susette Gontard in seinem Hyperion-Roman bereits anti-
zipiert hatte, muß gefragt werden, ob es für eine psychi-
sche Störung spricht, wenn man sein Leben nach einem
definierten Konzept zu führen und konsequent durchzuhalten versucht. Ähnlich lautet die Fragestellung, die in
der Psychiatrie noch unbeantwortet ist, ob man sich selber
willentlich in eine Geisteskrankheit begeben könne. Von
skandinavischen Psychiatern wird diese Frage zumeist damit beantwortet, daß dies möglich sei, während deutsche
Psychiater eher die Ansicht hegen, man sei schon wahnsinnig, wenn man den Wunsch habe, wahnsinnig werden
zu wollen. Bei Hölderlin nun anzunehmen, er sei wahn-

sinnig gewesen, weil er den Wahnsinn in seinem Lebenskonzept in Kauf genommen habe, scheint mir nicht ganz schlüssig zu sein. Nicht nur, weil die Grundfrage der willentlichen Wahnsinnigkeit noch ungeklärt ist, sondern vor allem auch, weil Hölderlin nicht den Wahnsinn anstrebte, sondern die durchgängige Realisierung eines Lebenskonzeptes. Natürlich kann man darin auch Lebensfremdheit entdecken wollen. Es ist aber eine Lebensfremdheit in Konsequenz eines Entwurfs und nicht primär aufgrund fehlender Fähigkeit, mit dem Leben umzugehen (obwohl auch dies bei ihm ins Spiel kommen mag). Ohnehin scheint mir die Frage des Wahnsinns in der gesamtgesellschaftlichen Debatte überzogen, da die wesentlichen Katastrophen eher von Negativisten ohne Wahnsinn angerichtet werden. Hölderlins Leben ist, was die Frage nach Identität und Lebensführung betrifft, eine vehemente Herausforderung.

Der tobende Jüngling

Jetzt aber, drin im Gebirg,
Tief unter den silbernen Gipfeln
Und unter fröhlichem Grün,
Wo die Wälder schauernd zu ihm,
Und der Felsen Häupter übereinander
Hinabschaun, taglang, dort
Im kältesten Abgrund hört'
Ich um Erlösung jammern
Den Jüngling, es hörten ihn, wie er tobt',
Und die Mutter Erd anklagt',
Und den Donnerer, der ihn gezeuget,
Erbarmend die Eltern, doch
Die Sterblichen flohn von dem Ort,
Denn furchtbar war, da lichtlos er

> In den Fesseln sich wälzte,
> Das Rasen des Halbgotts. …
> (F. Hölderlin, *Der Rhein*)

Hölderlins Identität läßt sich mit Hilfe seiner Rhythmustheorie darstellen. In seiner zweiten Lebenshälfte hat Hölderlin nicht mehr mit seinem eigenen Namen unterschrieben, sondern mit dem Namen Scardanelli. Darüber wurde viel gerätselt. Roman Jakobson hat hierfür eine interessante linguistische Theorie vorgelegt, der zufolge in dem Namen Scardanelli die Buchstaben des Namens Hölderlin auftreten und dementsprechend Scardanelli eine Permutation von Hölderlin darstellt. Diese linguistische Theorie ist durchaus überzeugend, dennoch kann die Wahl des Namens Scardanelli noch eine zusätzliche Begründung finden. Ein Mitglied der Hölderlin-Gesellschaft (Rudolf Straub: *Scardanal – Scardanelli. Bericht über eine Entdeckung während einer Reise in die Quellgebiete des Rheins*) machte in den neunziger Jahren bei einer Wanderung im Ursprungsgebiet des Rheins eine interessante Entdeckung: An der Stelle, wo der Rhein im Quellgebiet seine Richtung ändert und von der Südrichtung zur Nordrichtung übergeht, findet sich oberhalb der Rheinschlucht ein kleiner Ort mit dem Namen Scardanal. Wenn man so will, erfährt der Rhein hier eine Peripathie. Der nach Süden dringende Rhythmus bricht in einen anderen Rhythmus um. Zuvor tobt der Fluß an den Felswänden, bis sich das Chaos der Wassermassen sammelt und auf dem Weg nach Norden zu einem breiten Strom wird. Am deutlichsten ist dies von Hölderlin bezeichnenderweise nicht in der Hymne *Der Rhein*, sondern in dem Gedicht *Der Ister* beschrieben:

> Der andre,
> Der Rhein, ist seitwärts
> Hinweggegangen. Umsonst nicht gehn

Im Trocknen die Ströme. Aber wie? Ein Zeichen
                                    braucht es,
Nichts anderes, schlecht und recht, damit es Sonn
Und Mond trag' im Gemüt', untrennbar,
Und fortgeh, Tag und Nacht auch, und
Die Himmlischen warm sich fühlen aneinander.
Darum sind jene auch
Die Freude des Höchsten …

Hölderlin nimmt Flüsse als Jünglinge (siehe auch im Gedicht *Heidelberg*: »Und der Jüngling, der Strom, fort in die
Ebne zog, …«), und deren Fließ- und Stromverlauf verdeutlicht ihm eine Biographie. Im Rhein entdeckt er die
Sehnsucht nach Süden, die dann aber gebrochen wird, weil
er der Mutter zu schnell ans Herz stürmen wollte. Gemäß
der Theorie der Peripathie Hölderlins entsteht an der Stelle
des Umbruchs, des Umschwenks, die entscheidende Vorstellung. In diesem Falle steht an dieser Stelle sogar ein
Name, ein Ortsname, zur Verfügung: Der Ort »Scardanal«.
Hölderlin hat also nicht beliebig mit seinem Namen per-
mutiert, sondern, ganz der Theoric der Vorstellungsentstehung durch Rhythmenumbruch entsprechend, seine Identität an der Stelle des Zusammenpralls von Flußkraft und
Felswand mit der nachfolgenden Umlenkung des Rhythmus markiert. Hölderlin als Scardanelli ist derjenige, der
sich im Chaos des Umbruchs einzurichten versucht.

Könnte es so gewesen sein, daß Hölderlin, der eine
Zyste zwischen beiden Gehirnhälften hatte, die diese stärker separierten, einer Kollision der Rhythmen besonders
schwer standhalten konnte? Mußte seine Identität nicht
notgedrungen an den Ort der Kollision gedrängt werden?

Die Blitze des Zeus haben eine grenzziehende Funktion. Wenn die Titanen die ihnen zugewiesenen »Territorien« überschreiten, dann verschleudert Zeus Blitze, um sie wieder in ihre Schranken zu verweisen. »Es durchzuckte mich wie ein Blitz!« wird in Situationen geäußert, in denen eine unerwartete Nachricht oder der plötzliche Gedanke einer überraschenden Handlungsmöglichkeit wie eine Art elektrischer Schlag durch das Nervensystem fährt. Diese Art von »Kopfgefühl« hat durchaus eine reale neurologische Grundlage, da ein plötzlicher und unerwarteter Gedanke natürlich auch viel intensivere energetische Korrelate im Nervensystem mit sich bringen kann als dies beim gewöhnlichen Einerlei des Informationsflusses der Fall ist. »Ich fühle mich wie elektrisiert!« oder »Ich spürte es knistern!« wird dann geäußert, wenn weniger eine ganz neue Situation sich einstellt als vielmehr eine Art »Spannung« (auch wieder eine elektrische Metapher) aufgebaut wird.

Achtet man beim Blitz nicht auf die in die Grenzen verweisende Funktion, sondern auf die Intensität des Lichtes, dann findet, um es in der Sprache von Hölderlins Griechenland zu formulieren, der Übergang von Zeus zu Apollon statt: der blendende Apoll und das gleißende Licht, der für Ordnung sorgende Zeus mit seinem als Blitze gebündelten Licht.

Hölderlin meinte ja, »der Kristall zu sein, an dem sich das Licht prüft«, und schwärmte in der Provence in einem Brief (1802) an Casimir Ulrich Böhlendorff noch von dem philosophischen Licht an seinem Fenster:

… das philosophische Licht um mein Fenster ist jetzt meine Freude; …

Doch er gab auch in diesem Brief zu, von Apollon geschlagen zu sein:

Das gewaltige Element, das Feuer des Himmels und die Stille der Menschen, ihr Leben in der Natur, und ihre Eingeschränktheit und Zufriedenheit, hat mich beständig ergriffen, und wie man Helden nachspricht, kann ich wohl sagen, daß mich Apollo geschlagen.

Ihn hatte nicht ein Blitz getroffen, der ihn in die Grenzen verwiesen hätte, es war Apollon, der ihn mit überblendendem Licht geschlagen hatte.

Paul Celan hat einige Repliken auf Hölderlin formuliert. So sagt er in einem Gedicht: »... ein Blitz näht uns die Schädel zurecht ...« (Paul Celan, *Aus Engelsmaterie*). Hier wird die grenzziehende Funktion des höchsten Gottes erkannt und sogar als offenbar hilfreich erfahren: Der Schädel wird ihm zusammengenäht. Dies ist eine anders geartete Erfahrung als bei Hölderlin, welcher der Ansicht war, daß das Individuelle als Gefäß das Allgemeine nicht fassen könne. Hatte Hölderlin das Verhältnis von Göttlichem und Mensch zu sehr im Sinne einer Begriffsmetaphysik als Überordnung und Unterordnung von Begriffen gedeutet und war Celan dadurch in einer vorteilhafteren Situation, als er den korrigierenden Eingriff des Gottes als heilsam empfinden konnte, da er nicht einer Logik der Unterordnung, sondern der fügenden Territorialabgrenzung galt?

Die Architektur der Zerklüftung

In seiner Erzählung *Das unerbittliche Gedächtnis* beschreibt der Schriftsteller Jorge Luís Borges einen Mann, der über ein unbegrenztes Gedächtnis verfügt und dadurch nicht mehr handlungsfähig ist und seine Zeit im Sessel verbringt.

Das Gehirn ist die See, in der alle Hirnströme zusammenkommen, welche das Gedächtnis nimmt und gibt. Die erforderliche Auswahl wird durch ein Maß geliefert, das der Anlaß für den Streit ist. Hirnphysiologisch ist es der Hippocampus, der evolutionär die Funktion der räumlichen Orientierung hat und beim Menschen im Gedächtnis noch die Zuweisungs- und Verteilungsfunktion übernimmt. Sie ermöglicht, daß auf der Bühne des Bewußtseins, vor allem im fronto-temporalen Cortex, Gedächtnisinhalte erscheinen, die zunächst um den Platz in der Aufmerksamkeit streiten. Man spricht vom sogenannten Arbeitsgedächtnis, welches sich dadurch konstituiert, daß im Rückgriff auf die Auswahl- und Verteilungsfunktion des Hippocampus im lateralen fronto-temporalen Cortex die verschiedenen Inhalte die Bühne betreten. Aus dem Meer der Hirntätigkeit werden die Inhalte dem Hippocampus zugespielt, wobei sich dabei eine Architektur herausbilden kann, welche z. B. die Maßlosigkeit des Borgesschen Mannes in Strukturierungen wandelt. Dabei geht es nicht einfach darum, nur Einheit des Wissens herzustellen, denn die Einheit der schönen Seele wahren zu wollen kann heißen, in der Kommunikation dem Anderen gegenüber nicht genügend offen zu sein (wie dieser Zusammenhang zwischen Schönheit, Nichtschönheit und Offenheit jeweils gestaltet ist, gehört zu den Besonderheiten der je individuellen Architektur). Man kann natürlich der Ansicht sein, daß in der Einheit einer allgemeinen Vernunft die Kommunikationsschwierigkeiten beseitigt wären. Das war die Vorstellung des Mittelalters, wo man an nur eine Wahrheit glaubte, wie dies auch bei einem bis zu vier Jahre alten Kind der Fall ist, das die Perspektive des anderen einzunehmen noch nicht in der Lage ist. Versucht man jedoch, sich auf den anderen einzulassen, so kann die Architektur in Zerklüftung geraten und Heidegger scheut es nicht, diese zu feiern. Er preist diejenigen selig, welche die unselige Zerklüftung bewahren. Sicherlich sind es diejenigen, bei denen das auf der Bühne des Gehirns Dargestellte nicht vom Gleichmaß der Dinge beherrscht wird und nicht diejenigen, bei denen die Lichtung in die Verödung übergegangen ist, bei denen dann das Erlebnis die Erfahrung der besonderen Architektonik ersetzen muß.

Ich halte es allerdings für verkehrt, der Vernunft, auch wenn sie in ihrer Funktion des Ausgerichtetseins auf Einheit eine monomane Einseitigkeit entwickelt, allein wegen der Gefahr der Verödung etwas anlasten zu wollen, wie Heidegger dies tut. Die Verödung durch Gegnerschaft zur Vernunft verhindern zu wollen, scheint mir ein zu riskantes Unterfangen zu sein, da die Vernunft, auch wenn sie lediglich als einheitsstiftende Funktion konzipiert wird, hierin immer wieder stabilisierende, für die Kommunikation wichtige Leistungen mittragen kann. In diesem Sinne, glaube ich, inszeniert Heidegger einen unnötigen Streit, trifft aber dennoch etwas Wichtiges, wenn er darauf hinweist, daß das Maßgeben im Grund des Streites liegt: Im Streit kommt jeweils ein neues Maß ins Spiel. Hierin kann sogar durchaus eine Hoffnung aufgezeigt werden in dem Sinne, daß das Aushalten des Streites den Menschen ein tieferes Maß liefern kann, während die Streitvermeidung in der Tat eine Gesellschaft der Verödung hervorrufen kann, die der medialen Sensation des Terrors für ihren psychischen Haushalt fast dringlich bedarf, so sehr sie dies auf der Darstellungsbühne der Rationalität natürlich zwingend und mit äußerster Schärfe zurückweisen muß. Doch auch diese Bühne, die nicht mehr über Architektur, sei es die schöne oder die zerklüftete, verfügt, sondern alles zur Darstellung bringt, ist die große Chance für die Menschen, da auf ihr, ohne daß jeder in die Zerklüftungen des anderen erst hineinkriechen müßte, die Rechte der Interaktionen verhandelt werden können. Hölderlin hat gezeigt, durch welche Zerklüftungen, Zerrissenheit, durch welchen tragischen Riß hindurch, die Vorstellungen auf die Bühne gelangen. Ich denke, daß es für das Verstehen der Menschen untereinander von großer Bedeutung ist, zu sehen, daß Architektonik (von der Kant so sehr schwärmte und welche die Vernunft als ihr Interesse besitzt) zur Neutralität der Bühne allgemeiner Vorstellungen überleitet. Die Reformulierung dieses Sachverhaltes in den metaphernreichen Konzepten einiger Hirnforscher kann helfen, die von Hölderlin weit vorausgedachten Intuitionen unserer Zeit näher zu bringen und sie zu deren Weiterentwicklung anzuregen.

Kenogrammatik

Hölderlin sieht den Menschen als ein Zeichen an. Er macht keine Seinsaussage über den Menschen, es sei denn, man nimmt ein Zeichen auch noch als Sein. Gewöhnlich ist man jedoch der Ansicht, daß ein Zeichen auf Sein verweist. Der Mensch verweist auf etwas, das ist, und bleibt ansonsten nicht bestimmbar. Damit greift er Nietzsches »Der Mensch, das noch nicht festgestellte Tier« vor. Hölderlin experimentiert jedoch auch mit den Zeichen, wenn es um die Beantwortung einer Was-Frage geht, die normalerweise mit einer auf Sein oder Wesen abzielenden Antwort bedacht wird. Bei der Mut erfordernden Frage »Was ist Gott?« nennt Hölderlin den Zorn und das Gewitter als Zeichen Gottes. Er antwortet nicht mit einer Ist-Aussage, bleibt insofern zurückhaltend, auch wenn man anmahnen könnte, daß die genannten Zeichen auf Eigenschaften verweisen sollen. Doch Hölderlin entwickelt auch hier eine erstaunliche und besondere Geste der Zurückhaltung gegenüber einer Aussage über die Unsichtbarkeit, also gerade über die auf diese Weise gewöhnlich charakterisierte Nichterkennbarkeit Gottes. Er sagt:

> Was ist Gott? unbekannt, dennoch
> Voll Eigenschaften ist das Angesicht
> Des Himmels von ihm. Die Blitze nämlich
> Der Zorn sind eines Gottes. Jemehr ist eins
> Unsichtbar,　　　　schicket es sich in Fremdes.
> 　　Aber der Donner
> Der Ruhm ist Gottes. Die Liebe zur Unsterblichkeit
> Das Eigentum auch, wie das unsere,
> Ist eines Gottes.
> (F. Hölderlin, *Was ist Gott?*...)

Er redet nicht einfach nur von der Unsichtbarkeit, sondern inszeniert sie auch noch durch eine konkrete graphische Lücke innerhalb des Satzes. Dies ist ein kühner Entwurf und das erste Beispiel in der deutschen Literatur für die Benutzung einer »Kenogrammatik«.

Vergleicht man die hebräische und die griechische Schrift, kann man der Ansicht sein, daß die hebräische Schrift von vornherein kenogrammatische Elemente enthält, da das Schriftsystem im Hinblick auf die Darstellung der Vokale unvollständig ist. Die Lücken zwischen den Konsonanten müssen durch kulturelles Wissen oder durch Einfühlung in den Text geschlossen werden. Die hebräische Sprache stellt also, anders als die griechische Schrift, den Lautstrom nicht in Gänze dar und behält dadurch eine Offenheit für das nicht Darstellbare oder auch nicht Darzustellende. Auf diese Weise findet das Bilderverbot eine Entsprechung in der Schrift, welche selber schon eine Enthaltsamkeit gegenüber dem Darstellen aufweist. Extrapoliert man nun griechische und lateinische vokalisierende Schrift zu einer Geisteshaltung, dann könnte man sagen, daß für das Nichtdarstellen, für das Aussparen, hier recht wenig gebahnt ist. Für einen nicht dargestellten Gott läßt eine durch die Schrift geprägte Haltung wenig Raum. Die Disposition der griechischen Schrift drängt auf Erscheinen. Im Alten Testament heißt es »denn kein Mensch wird leben, der mich sieht« (2. Mose 33, 20). Christus, der ins Erscheinen tritt, gewährt jedoch die Gnade, indem er selber stirbt. Hölderlin folgt der griechisch-christlichen Bewegung des Erscheinens nicht, sondern führt in seinen Schriftsystemen ein geradezu hebräisches Element ein, indem er eine Lücke läßt: Er verweist auf das Unsichtbare. Der Gott, der im Fremden sichtbar erscheint, stirbt oder bringt andere zum Sterben. Derjenige aber, der unsichtbar bleibt, schickt sich in das Fremde. Unsichtbarkeit wird zu einer Möglichkeit von Harmonie, von Sich-Schicken. Hier muß ein Zusammenprall von Vorstellungen nicht erfolgen.

Hölderlins »Kenogrammatik« wirft die Frage auf, inwieweit die Kenose, unter welcher Luther im Anschluß an den Philipperbrief die Selbstentäußerung Gottes verstand, ein Geschehen ist, bei dem der eigene Ort verlassen wird oder der aufgesuchte Ort durch den eigenen Tod oder das eigene Unsichtbarwerden »geräumt« wird. Man muß an dieser Stelle vorsichtig sein mit den Raum- und Räumungsmetaphern. Es steht jedoch eine andere Metaphorik zur Diskussion, nämlich die des Zimzum, demzufolge die ganze Schöpfung sich dem Rückzug Gottes verdankt, der auf diese Weise der Welt die Freiheit gibt (ein Gedanke, der z. B. auch bei Schellings Freiheitslehre eine Rolle spielte).

Das Opfer ist ein riskantes Manöver in menschlichen Beziehungen. Problematisch wird es, wenn es auch noch in räumliche Metaphern übersetzt wird. Ist es aufdringlich, ins Terrain des Anderen einzudringen, wenn man diese Bewegung zugleich mit dem eigenen Opfer begleitet? Wäre also die Inkarnation die Kenose Gottes in seine Schöpfung hinein eine aufdringliche Geste? Ist das Zimzum, bei dem sich Gott zurückzieht und der Schöpfung einen Freiraum läßt, von größerer Zurückhaltung geprägt? Es ergibt sich die Frage, ob wir, wenn wir uns um den Anderen kümmern wollen oder sollen, nicht dabei doch in sein Terrain hineingehen (mit aller Zurückhaltung), dabei aber vielleicht versuchen sollten, »unsichtbar« zu werden?

4. Der Raum

Plato und die Sinnenwelt

Die Untersuchungen von S. Tanaka und M. Miyashita über die Benutzung des primären Sehareals in der Sehrinde des Hinterhauptlappens des Menschen konnten zeigen, daß für die Imagination weitgehend ähnliche Hirnzentren benutzt werden wie für die aktuelle Wahrnehmung. Aktuelle Wahrnehmung und Imagination stehen demnach in einem Konkurrenz- und Kompetitionsverhältnis um ein Hirnareal. Das könnte erklären, warum z. B. Plato die Theaterstücke seiner zunächst dichterischen Existenz verbrannte, um sich dann ganz der Philosophie widmen zu können. Will man also seine Imaginationsfähigkeit besonders trainieren, so liegt es nahe, sich von sinnlichen Eindrücken fernzuhalten, vielleicht gar in einen Elfenbeinturm sich zurückzuziehen, um sich dann ganz auf seine Vorstellungswelt zu konzentrieren. Auf diese Weise können Hirnareale, die zunächst für ganz bestimmte Funktionszusammenhänge, in diesem Fall visuelle Wahrnehmung, reserviert waren, für unerwartet neue Leistungen gewonnen und entwickelt werden. Damit ist sicherlich ein Grundprinzip des Zusammenspiels zwischen neuronaler Tätigkeit und Kulturentwicklung angesprochen, wobei Kultur dann nicht einfach nur als Ausdruck einer bestimmten Hirntätigkeit erscheint, sondern vor allem der Regulation dieser Tätigkeit dient. Will man sich Hirnareale für eine neue kognitive Leistung erobern, so muß in ihnen die bisherige Tätigkeit zurückgefahren werden. Nicht selten kann dies im Zusammenhang mit einer Absage (Verbrennung der eigenen Theaterstücke) an die bisherigen Funktionsweisen geschehen. Das Leistungsspektrum des so umgewidmeten Hirnareals kann dabei durchaus Anklänge früherer Tätigkeit beibehalten. So sehr Plato die Sinnenwelt ablehnte, so kamen ihm doch sinnliche Momente bei der Charakterisierung der von ihm intendierten Ideenwelt zugute. Diente die Vernunft zunächst dazu, die Annahme der griechischen Zeitgenossen zu kritisieren, es handele sich bei den Sternen um Götter, wurde dieselbe Vernunft nun aufzuwerten und »zerebral« zu stabilisieren versucht, indem die Ideen selber auf die leer gewordenen Sterne projiziert wurden.

Nicht immer wird bei der Tätigkeit der Vernunft das »sinnliche« Bedürfnis mit abgedeckt, welches im Hinblick auf die Hirnausnutzung ja auch bereits durch die imaginative Verwendung der visuellen Hirnzentren in die Gesamttätigkeit des Gehirns eingebunden wird. Sinnlichkeit im Denken muß also nicht auf die Außenwelt gerichtet sein und deren Informationen verarbeiten, vielmehr kann das Denken durch die Verwertung entsprechender Zentren andere Zusammenhänge stiften, obwohl dies natürlich eine andere Art von Sinnlichkeit darstellt. Plato ist Dichter geblieben, der sich allerdings zum Dichter des Denkens wandelte, indem er seine imaginativ sinnlichen Möglichkeiten für die Anschauung der Ideen nutzte. Um es in der Hirnterminologie versuchsweise zu formulieren: Das Zentrum V1 wird statt auf die Außenwelt auf die im Gehirn selber stattfindenden Prozesse gerichtet. Damit kann sich der Mensch ein inneres Auge schaffen, das, je nachdem, wie man dies wiederum betrachtet, vielleicht »ein Auge zuviel« (so Hölderlins Formulierung über Oedipus) ist.

Die Entgegensetzung von sinnlicher und nicht sinnlicher Welt, von sinnlicher Welt und Vernunft kann auf verschiedene Weisen unterlaufen werden. Wir hatten auf die Kompetitionsrangeleien um das Hirnareal VI hingewiesen, welches normalerweise für visuelle Wahrnehmungen genutzt wird, das aber auch für wahrnehmungsunabhängige Imaginationen verwendet werden kann. Daß zwei unterschiedliche Verhaltensweisen am gleichen Gehirnareal partizipieren, macht es verständlich, daß es der kulturellen Auseinandersetzung und damit auch der Kulturgeschichte bedarf, um den Umgang mit diesem Hirnareal zu regeln. Dies ist übrigens ein schönes Beispiel dafür, inwieweit Denk- und Kulturformen nicht direkt vom Gehirn geformt werden, sondern wie vielmehr die Eigenschaften des Gehirns (z. B. »Parzellen«-Knappheit) zu besonderen kulturellen Umgangsweisen mit der »Hirnnutzung« herausfordern.

Wie das Beispiel des Umgangs mit dem Hirnareal VI zeigt, kann die Unterscheidung von Sinnlichkeit und Nicht-Sinnlichkeit am Beispiel der Hirnnutzung als ein Geschehen charakterisiert werden, dessen Hauptakzent darauf liegt, zu unterschiedlichen Hirnbeanspruchungen zu führen. Damit reiht sich dieser Unterschied in eine ganz andere Klasse von Unterschieden ein, als wenn man ihn als grundlegend für den Wahrheitsanspruch von Aussagen ansetzen wollte, bei dem z. B. nur sinnlich Erfahrbares mit einem Wahrheitsanspruch belegt werden dürfte. Die Projektion der geistigen Tätigkeit des Menschen im Rahmen philosophisch hirnwissenschaftlicher Überlegungen auf das Gehirn kann zu einer ganz anderen Art von Wahrheitsfragen führen, z. B. der, ob ein Gedanke dem Gesamtzusammenspiel der Hirntätigkeit förderlich sein kann. Man

kennt das bereits aus der Sprache, in der es auch Funktions-
wörter gibt, die nicht den Bezug zur Außenwelt, sondern
vielmehr den Zusammenhang der verschiedenen Sprach-
glieder untereinander regulieren. Auf ähnliche Weise eröffnet sich auch für die Hirntätigkeit ein ganz neues Feld
von zu beurteilenden »Funktionsgedanken«, die vielleicht
nicht die Welt widerspiegeln und auch nicht bloß der Kraft
der Konstruktion eines imaginären Zentrums dienlich
sind, sondern dort einspringen können, wo an den Grenzen des Konstruierens von Welt unsere Kräfte erlahmen
mögen.

Zurück zum Leben

Die Nutzung primärer Wahrnehmungszentren nicht für
die Wahrnehmung selber, sondern für Imaginationen, stellt
ein außerordentlich kreatives Prinzip für die Weiterentwicklung von Kognition dar. Die Abwehr der ursprünglichen Nutzung durch Wahrnehmungsprozesse und sogenannte »Sinnlichkeit« kann allerdings zur begleitenden
Belastung bei den nun von der Sinnlichkeit »befreiten« kognitiven Prozessen werden. Nicht selten kommt es in der
Lebensgeschichte eines Philosophen vor, daß er, nachdem
er sich von der Sinnlichkeit verabschiedet und dadurch seinen eigenen Denkraum eröffnet hat, diesen nun benutzt,
um zu überlegen, wie er wieder zur Sinnlichkeit zurück-
findet. Die zahlreichen Texte, in denen in den letzten Jahr-
zehnten Philosophie von Philosophen zu verabschieden
versucht wurde, liefern für diese Situation ein beredtes Beispiel. Natürlich kann auch Fichtes Äußerung, »wir haben
uns aus dem Paradies herausphilosophiert, jetzt wollen wir
versuchen, uns wieder in dieses hineinzuphilosophieren«,
als Ausdruck dieser Situation verstanden werden.

Auf der Hirnebene betrachtet, ist die Unterscheidung von sinnlich und nicht sinnlich keinesfalls so deutlich durchführbar wie dies die Bedeutung dieser Zweiteilung in der Kulturgeschichte suggeriert. Die Berücksichtigung der Hirndimension bei der Frage nach der Unterscheidung von Sinnlichkeit und Nicht-Sinnlichkeit trifft auf eine Situation, in der diese Unterscheidung zumindest problematisch geworden ist. Angesichts der medialen Situation kann Sinnlichkeit ohnehin nicht mehr als einfacher Indikator für äußere Wirklichkeit genommen werden. Aber auch was geschlechtliche Reize angeht, hat man heute mittlerweile eine differenziertere Einsicht in deren Ursprünge, bei denen die nach außen gerichteten Wahrnehmungsprozesse nur eines unter mehreren Momenten ausmachen.

Die Unterscheidung von Sinnesbezogen und Nicht-Sinnesbezogen war im Zusammenhang einer Newtonschen Physik noch von Bedeutung, kann aber nicht mehr ohne weiteres für das Anzeigen von Deckungsgleichheiten mit verschiedenen anderen Begriffspaaren (innen/außen, wirklich/nicht wirklich, geschlechtlich versus intellektuell usw.) benutzt werden.

Hölderlin hatte sich gegen eine Abtrennung der Sinnlichkeit gewandt und sich dabei allerdings insbesondere daran orientiert, nicht der Welt verlustig zu gehen. Hölderlin wollte sich nicht auf ein konstruiertes Ich zurückziehen, von dem aus die Welt unter die Herrschaft der eigenen Begriffe zu bringen wäre. Für ihn galt:

Wer das Tiefste gedacht, liebt das Lebendigste ...
(F. Hölderlin, *Sokrates und Alcibiades*)

Bei der Transposition der Hölderlinschen Theorie von
den Rhythmen, ihrem Zusammenprall und dem Ursprung
der Vorstellungen in eine Hirntheorie braucht man nicht
zwingend eine dualistisch tragische Gestalt in die Hirnfunktionen hineinzulesen. Auch wenn die semantischen
Dimensionen des Verhandelten stets aus dem Gehirn her-
ausweisen, erfolgt der Wurf der »Körner«, die Aktivie-
rungsfortleitung von einem Neuron zum anderen, doch
immer in den großen, nun hier auch neuronal beschreib-
baren Zusammenhang des Selben, so sehr es darin auch
Gruppierungen geben mag, die sich einer Integration der
Rhythmen widersetzen. Jedenfalls ist das Zerfallen in eine
Zweigestalt nicht gleichsam die schicksalhafte Struktur,
welche die neuronale Aktivität im Verhältnis zu sich selber bzw. die Neuronen zueinander einnehmen müssen.
Als Beschreibungsmatrix eignet sich daher die zunächst
»neutrale« Aufzeichnung der neuronalen Gruppenauswahl
in die Gesamtmenge der Neuronen eines Gehirns. Die
Beschreibung des Clashs der Rhythmen gilt dann schon
für viele Vorgänge, die jenseits von Tragik und Trauma liegen und lediglich den Übergang von Vorstellungen, wenn
auch mit komplexen und verschachtelten Bezügen, beschreiben. Kommt es aber dann zur Frage nach der Art
des Grundmusters, so muß man sich vor der Vorannahme
hüten, es könnte dabei nur die duale Spaltung in das Tragische (oder auch z. B. das Aggressive) geben. Selbst wenn
ein tiefes Trauma im Gehirn eingegraben ist, können die
davon besonders betroffenen hippocampalen und parahip-
pocampalen und limbischen Strukturen auf eine Weise zu
einem Attraktor werden, der eine gleichsam monomane
Ausrichtung und nicht unbedingt eine duale, von Abwehr

und Anziehen geprägte Konstellation nach sich ziehen muß.

Damit würden wir in eine Verrechnungsmatrix des Gehirns geraten, in welcher bestimmte Inhalte sehr wohl bestimmte Strukturgebilde (Feindschaft, Freundschaft, Verschmelzung, Differenzierung usw.) nahelegen, wo aber aus den Inhalten allein eben nicht abgelesen werden kann, welche Struktur gewählt wurde. Deswegen ziehen wir ja das Gehirn für die Entscheidung bei, ob eine kleine semantische Differenz den Übergang von Freundschaft zu Feindschaft einleiten muß, wobei aus dem Gehirn, wenn man es denn schon könnte, auch nur abzulesen wäre, was denn naheliegt, nicht was wirklich gewählt wird. Vielleicht kann aber, und das ist wichtiger, die Ansicht, daß es sich um Vorgänge im Selben handelt, dazu ermutigen, mehr zu ertragen, als man sich bisher zugetraut hat, da im Selben (damit noch nicht unbedingt unter dem Titel des Selben oder eigenen) ja die Hoffnung auf Umcodierung eine nicht geringe Rechtfertigung besitzt.

Bis dahin erscheint es sinnvoll, auf einige historische Auswahlen aus den Mannigfaltigkeiten der Hirnkonstellationsmöglichkeiten hinzuweisen, um an ihnen zu verdeutlichen, wie der Übergang in eine Mannigfaltigkeit gleichsam mathematischer Permutabilität den Vorlieben des Geistes, der Seele und der Gefühle nicht entgegenlaufen muß. Vielmehr zeigt die Rechenkombinatorik der Hirnbeziehungen in den Neurowissenschaften, wie sich bestimmte Präferenzen der Informationsverarbeitung herausbilden, da sie als unendliche Auswahl aus dem gleichsam Unendlichen eine nicht unbedingt ohne das Gefühl von Vertrautheit und Beruhigung einhergehende ökonomische Auswahl aus den neuronalen Kombinationsgruppierungsmöglichkeiten ermöglichen.

Es hat sich gezeigt, daß die Präferenz von Viererclustern

bei der Informationsverarbeitung ein zentrales Charakteristikum der Hirnfunktion ist. Interessanterweise finden sich in der Kultur- und Geistesgeschichte Bemühungen, geistige Strukturen so zu clustern, daß man den Eindruck gewinnt, dies sei auf die Optimierung der Hirnfunktionen ausgerichtet. Es bietet sich daher an, solche Clusterungsversuche einmal zu untersuchen. Dabei möchte ich ein Clusterungsmodell von Johann Gottlieb Fichte, dem Lehrer Hölderlins, herausstellen und diesem das Clusterungsmodell von Hölderlin, wie es in der Interpretation von Heidegger vertieft wurde, entgegenhalten. Interessanterweise weisen beide Modelle eine Anweisung zum Übergang ins Unendliche auf. Bei Fichte hat man sogar noch stärker den Eindruck, daß die Gestalt der Präsenz im Verschwinden gesucht wird. Gerade dieser Übergang in die Gesamtaktivität des Gehirns, als welche man die »Präsenz im Verschwinden« rekonstruieren könnte, ist von besonderem Interesse. Aber auch die Betonung von Fünfheit (Fichte) und Vierheit (Hölderlin, Heidegger) ist in diesem Zusammenhang im Hinblick vor allem (aber nicht nur), auf die Frage nach der Informationsverarbeitungsstruktur im Gehirn von Interesse. Jedenfalls können wir uns auf diesem Weg von der Annahme befreien, die Gestalt unserer geistigen Tätigkeit, auch wenn wir sie auf der Hirnebene betrachten, sei nur als tragisch oder auch dialektisch, jedenfalls in eine Zweier-Zerrissenheit führend, zu beschreiben.

Fichtes Schritte zur Darstellung des Ich auf dem Wege zur Lebenswirklichkeit, die er in immer neuen Ansätzen und Worten, aber immer wieder mit der gleichen Struktur (der Fünffachheit) wiederholt, kann auch als eine Hirntheorie gelesen werden. D. h. die Wirklichkeit unserer Hirntätigkeit könnte in fünf Schritten zu verdeutlichen versucht werden. Dabei würde es sich natürlich nicht um ein detailliertes neuronales Modell handeln. Überhaupt wäre fraglich, ob der Ansatz, der sich bei Fichte an die Innen-Außen-Dichotomie und Subjekt-Objekt-Teilung anlehnt, denn von Vorteil wäre, da die Mittelpunktstellung der Innen-Außen-Beziehung bzw. Subjekt-Objekt-Teilung nicht selten diese Teilung so aufwertet, daß die dabei intendierte Vereinigung bzw. Überwindung der Teilung oft gar nicht mehr zum Zuge kommt. Bei Fichte läßt sich die Fünffachheit so charakterisieren, daß die Teilung in Subjekt und Objekt noch eine zweite, und zwar doppelte Unterteilung gestattet, nämlich die, daß das Subjekt selber noch einmal subjektive und objektive Anteile enthält und ebenso das Objekt selber noch einmal subjektive und objektive Anteile enthält. Zwischen beiden schwebend vollzieht sich dann die geistige Tätigkeit, die als »intellektuelle Anschauung« ins Leben führt. Wobei die zuvor aufgezählten Strukturen gleichsam in der Lebendigkeit der intellektuellen Anschauung verschwinden. Wenden wir diesen Strukturen noch kurz etwas Aufmerksamkeit zu, so läßt sich sagen, daß die Aufteilung des Subjekts wiederum in Subjekt und Objekt natürlich auch mit hirnphilosophischen Mitteln gelesen werden kann in dem Sinne, daß der objektive Anteil beim Subjekt, z.B. im Hirnkorrelat der »subjektiven« Tätigkeit zum Ausdruck kommen kann, wie auch natürlich das objektiv Vorgestellte ein Hirnkorrelat haben kann, wobei dieses Korrelat qua Hirntätigkeit dann dem Gesamtsubjekt bzw. Individuum zuzurechnen wäre. Eine derartige Projektion auf Hirndimensionen würde das Fichtesche Schema durchaus plausibel machen, aber über einige seiner Konzeptionen hinausreichen und vielleicht auch eine Neuorganisation des gesamten Schemas zur Folge haben müssen. Auf jeden Fall würde Fichte angesichts einer derartigen Neuinterpretation mit den Begriffen Natur und Leib-Seele-Problem in der Folge anders umgehen müssen, als er es getan hat. Dies soll hier nicht unser Problem sein. Von Interesse ist vielmehr, daß in diesem Schema, das Fichte so unhintergehbar schien, nur eine der Möglichkeiten der Hirnorganisation bzw. auch der geistigen Tätigkeit ausgespielt ist. Jedenfalls kann der Fichteanismus als eine der Möglichkeiten der Hirnorganisation gelesen werden. Es ist, als ob das Ich bei Fichte wie eine absolute Substanz behandelt wird, von der zu zeigen ist, wie in ihr das seltsame Paradox objektiver Gegenstände auftreten kann. In den Schritten der Synthesis verschwinden diese in der »intellektuelle Anschauung« genannten Einstellung.

Natürlich findet man sich in diesen Formeln an Grundstrukturen erinnert, die in langen Denktraditionen jeweils mit anderen Inhalten herausgearbeitet wurden und von C. G. Jung am Beispiel der Alchimie besonders deutlich zu machen waren, wobei der fünfschrittigen Synthesis dann die Entsprechung in der Quinta Essentia, der Quintessenz, dem, was das Wesen der vorhergehenden Vier ausmacht, zukommt. Das Fünfte liefert keine zusätzliche Struktur, es gestattet vielmehr die Zusammenfassung in einem Wesen, so daß die Strukturen nicht mehr aufgezählt werden müssen. Die Quintessenz ist der flüchtige Geist, der wie bei einer Essigessenz über den Details schwebt und sie zusammenfaßt.

Es fällt natürlich auf, daß Fichte mit einem starren Subjekt-Objekt-Schema operierte, das noch nicht für die Differenzierung in Begriffspaare wie Ich, Anderer, Ich und Natur, Ich und Gegenstandswelt usw. geöffnet war. In der Tat, wenn alles nur die Selbstdifferenzierung eines (absoluten) Ich ist, dann besteht natürlich die Neigung, die Betonung von Andersheit und Alterität unter den Tisch, auf dem die Essenzen kredenzt werden sollen, fallen zu lassen. Interessanterweise hat Johann Gottlieb Fichte eine Novelle

geschrieben, in welcher sich diese Struktur der Fünffachheit wiederfindet. Es liegt daher nahe , diese seine Grund-
struktur, die er in verschiedenen Vorlesungen mit wechselnden Inhalten füllte, als so tiefgehend anzusehen, daß sie
auch seine poetische Tätigkeit, ja überhaupt sein Verhältnis zur Welt grundlegend bestimmte. Tatsächlich wird die
Beziehung zur Alterität, zum Anderen, in dieser Novelle
Das Thal der Liebenden (J. G. Fichte, *Fichtes sämmtliche Werke*
Bd. VIII) nicht einem kommunikationstheoretischen Zugang zugeführt, sondern der Fünffachheit einer Synthesis
unterworfen, die sich zuvor der Absolutheit eines Ich ver-
gewissert hat. Der Handlungsverlauf ist dementsprechend
tödlich. Die Hauptfigur, Rinaldo, mißbraucht Marias Würde und wendet sich an Laura, die ihn aber aus Stolz und
Rücksicht auf Maria verläßt. Nun, die jetzt folgende romantische Vertracktheit wird auf heutige Leser ungewöhnlich wirken, weist aber auf eine Fünfer-Struktur, bei der
das Kind aus der Beziehung Rinaldos mit Maria später erst
die vollendete Liebe findet. Die Verwicklungen, die bis
dorthin führen (Entführung durch Sarazenen, angedroh-
te Hinrichtung usw.) im Hinblick auf die Bedeutung der
Fünffachheit in Fichtes Werk genauer zu studieren, ist sicher der Mühe wert. Hier sei jedoch nur abkürzend darauf
hingewiesen, daß die Liebenden sich erst in der nächsten
Generation vereinigen und in einem Tal ein Grab für die
Beteiligten errichtet wird (Rinaldo, Maria, Laura und dann
die nächste Generation), auf dem fünf Flämmchen bren-
nen. Es läßt sich so lesen, als ob die Fünffachheit Ausdruck
eines Verfehlens der unmittelbaren Beziehung zum Anderen ist und erst über Individuen hinweg die Verwirklichung der Liebe möglich ist. Insofern ist die Fünffachheit
nicht nur Angelegenheit eines Individuums, sondern über-
individuell angelegt. Im Zusammenhang der Novelle weist
sie auf das Beziehungsmißlingen zwischen den Menschen

hin, das erst im weiteren Verlauf seine Korrektur finden kann. In der theoretischen Philosophie Fichtes verschwindet diese Fünffachheit dann in der intellektuellen Anschauung, wie die fünf Flämmchen aus dem Blick derer verschwinden, die sich aus dem Tal der Liebenden entfernen.

Fichtes Erzählung enthält durchaus moralische Momente, die für paartherapeutische Zwecke verwertet werden könnten. Die Hoffnung auf Erfüllung des Glücks ist jedoch auf eine spätere Generation verlegt. Hierin könnte sich auch Fichtes nationale Orientierung zum Ausdruck gebracht haben. Bei Hölderlin liegen die Verhältnisse völlig anders. Hier sind die Momente der Vereinigung ganz anders verteilt, und es geht eher um eine Brautschau des Himmels:

> Dann kommt das Brautlied des Himmels.
> Vollendruhe. Goldrot. Und die Rippe tönet
> Des sandigen Erdballs in Gottes Werk
> Ausdrücklicher Bauart, grüner Nacht
> Und Geist, der Säulenordnung, wirklich
> Ganzem Verhältnis, samt der Mitt,
> Und glänzenden
> (F. Hölderlin, *Der Vatikan*).

Diese und andere Stellen (so auch den berühmten Brief Hölderlins an Böhlendorff von 1802) nimmt Heidegger zum Anlaß, von einer ganz anderen Art des Zusammenwirkens zu sprechen, die sich in einer Viererstruktur äußert zwischen Himmel, Erde, Sterblichen und Gott. Heidegger spricht hier vom Geviert, wobei in der Versammlung der vier ein unendlicher Bezug zwischen allem stattfindet, der mehr als nur Endlosigkeit ist, da in diesem Bezug ein Wachsen erfolgt. Die Mitte dieses Gevierts ist genannt, erhält aber keinen eigenen Namen, so daß von einer Quintessenz z. B. als »intellektueller Anschauung« nicht mehr die Rede ist. In Heideggers Aufsatz *Das Ding* sind es die Dinge, die nicht als Gegenstände behandelt werden, sondern noch einen Weltbezug eröffnen, welche Himmel und Erde, die Sterblichen und die Göttlichen anwesend sein lassen können. Über die Mytheme, die hier aufgerufen werden, mag man streiten. Daß überhaupt eine Viererstruktur für den unendlichen Bezug benutzt wird, ist jedoch von großem Interesse und die innere Strukturverwandtschaft von Fichte auf der einen und Hölderlin und Heidegger auf der anderen Seite doch beeindruckend, auch wenn bei Hölderlin die Quintessenz, die Mitte, nicht eigens benannt wird. Das große Brautfest, von dem Hölderlin träumt, die Vereinigung von Himmel und Erde, wird zu einer diesseitigen Angelegenheit, die hier noch einmal als inhaltsvolle und natürlich inhaltsauswählende Beschreibung der Verstrickung und Vernetzungsmöglichkeiten des Gehirns gelesen werden kann. In den von der Hirnforschung deutlich gemachten Auswahlvorgängen ist ein gleichsam unendlicher Bezug möglich, und wenn die Auswahl und die Grundhaltung des Betreffenden es gestatten, sogar entfaltungsfähig. Während die Hirnforschung die Reduktion auf vier Grundelemente bei der Informationsverarbeitung bisher nicht unbedingt von vornherein im unendlichen Bezug sieht, so kann dies doch unter Beiziehung passender Inhalte und Haltungen ermöglicht werden. Das seltsame Hinübertreten dieser Grundstrukturmodelle über Momente des Individuellen verdient allerdings besondere Aufmerksamkeit, da damit die wichtige Frage aufgeworfen ist, ob wir in der Kommunikation mit Individuen besser zu Rande kommen, wenn wir nicht auf die Individualität und Andersheit eingehen, sondern von vornherein Dualismus und Antagonismus der Personen vermeiden und an der Ausarbeitung einer Gestalt arbeiten. Hier glaube ich, der Prüfstein sollte wohl doch eher, ja entschieden eher, das einzelne Individuum der Gesprächs-

und Kommunikations- und Handlungspartner sein, an dem wir unsere vielleicht noch so lieb gewonnenen Strukturen – sei es, wir haben sie über erkenntnistheoretische Grundlegungen, über novellistisch biographische Clusterbildungen oder über kulturelle Rezeptivität entwickelt – einer Überprüfung unterziehen, die jeweils neu zu aktivieren wäre. Auch wenn die Fünferstruktur in der intellektuellen Anschauung verschwindet und das Geviert im unendlichen Bezug auf ein Wachstum verweist, scheint mir wichtig zu sein, daß die Art, wie das Verschwinden bewerkstelligt wird und wie der Übertritt in die Unendlichkeit stattfindet, größten Bedenken unterworfen werden sollte. Auch wenn in der intellektuellen Anschauung oder im unendlichen Bezug die Strukturiertheit nicht mehr als starre Mechanik erscheint und vielleicht dazu einlädt, sie als »innere« Stabilität zu verteidigen, so ist doch zu bedenken, daß sie allein durch die getätigte Auswahl Präferenzen setzt, die sich auch im Verschwinden und im unendlichen Bezug noch deutlich bemerkbar machen dürften. Dann entbehren sie aber jeglicher Korrekturanleitung, wenn die Frage aufkommt, wie mit der Individualität, wie mit dem Anderen umzugehen sei, wenn etwas anderes als die Fünffachheit der Synthesis oder das Brautfest des Gevierts zelebriert wird.

Hölderlin scheint die Frage in seiner Antigonae-Übersetzung aufzuwerfen:

Kreon:
Wenn meinem Uranfang' ich treu beistehe, lüg ich?
Haemon:
Das bist du nicht, *hältst du nicht heilig Gottes Namen.*
(F. Hölderlin, *Anmerkungen zur Antigonae*)

Eine Synthese, welche den Uranfang zur Orientierung nimmt, genügt offenbar nicht. Vielleicht ist die Struktur (die man als die des Ich aus bestimmter Perspektive ansehen mag) auch jeweils zu prüfen, um »authentisch« zu bleiben. Es ist von großer Bedeutung, daß die Treue zum eigenen Uranfang in der Beziehung zum Anderen, zum Namen, gesehen wird. Die Betonung der einen Differenz, der zum Namen, mag über die Ermöglichung der Verehrung hinaus, auch bei der Identitätsbewahrung, helfen. Vielleicht ist die Betonung dieser Differenz (zum Namen) zugleich die radikalste Form des Verschwindens, aus welcher die Freiheit entsteht. Auch Fichte scheint dieser Perspektive gegenüber nicht ganz verschlossen zu sein, als er über die in der ersten Generation mißglückende Liebe mit den Mitteln seiner Zeit reflektiert (zu starke Orientierung am »Irdischen«).

Vielleicht verlieren wir ja die Furcht vor den Möglichkeiten unseres Gehirns, auch wenn alles Geschehen in dessen Selbes gerät, wenn wir die Möglichkeiten durch die Bewahrung der einen Differenz (zum Namen) befördern. Doch vielleicht gelingt dies nur, wenn die bedingungslose Verehrung des Namens des Einzigen intendiert wird.

Es mag deutlich werden, daß bereits bei Hölderlin der Clash der Rhythmen nicht nur die tragische Lösung finden muß. Vielleicht ließe sich ja der andere Clash, der Clash of Civilizations, in einen anderen Bezug gebracht, dem des Betonens der einen Differenz, der einzigen Differenz, mit dem Geschenk des nicht tragischen Ausgangs ausstatten.

Freiheit. Disposition im Verschwinden

Nicht selten entsteht der Streit, ob praereflexive Strukturen, da sie allein der Anschauung zugänglich seien, in den Diskurs und Text eingebracht werden dürften. In gewissem Maße ist Denken zugleich immer auch Anschauen. Auch die Reflexion selber schaut sich an. Insofern ist Denken ein Sehen. Hierfür steht nicht nur die Erfahrung und Bildtheorie des deutschen Idealismus, sondern auch der Befund der Neurowissenschaften, daß abstrakte logische Operationen auf Raumverhältnissen statthaben. Ein Denken, das diese Strukturalität herausheben möchte, hat mit dem Problem zu arbeiten, die Inhalte namhaft zu machen, an denen sich diese Strukturen gewöhnlich entfalten. Wegen dieser Schwierigkeiten gerät solch ein Denken nicht selten in Mißkredit und wird als vorlogisch oder irrational abgetan. Dies dient der Sache der Rationalität keinesfalls, da es eine der vordringlichsten Aufgaben darstellt, die Struktur von Rationalität selber zur Expression zu bringen. Der deutsche Idealismus hatte zwar bildtheoretische Ansätze, in denen das Denken selber als Anschauen und Sehen verstanden wurde, verkürzte diesen Ansatz jedoch in eine Rede vom Ich, so daß die »intellektuelle Anschauung« in die Engführung der Ich-Beziehungen geriet. Diesen war nicht so einfach entgegenzuarbeiten, denn wenn das Ich nicht »eng« genommen wurde, stand es wiederum in der Gefahr, zum aufgeblähten Monstrum zu werden. Bei Hölderlin und Fichte finden sich Ansätze, diese Strukturkomponenten herauszuarbeiten, ohne dabei diese Strukturen streng an eine Explikation des Ich binden zu müssen. Fichtes Rede von der Fünffachheit und Hölderlins Rede vom Brautfest von Himmel und Erde vereinen Strukturen, die bei Fichte im Verschwinden und bei Hölderlin im Übergang in den unendlichen Bezug dieses Moment des Denkens erfassen, indem es die Strukturen, mit denen es arbeitet, im unendlichen Bezug auch wiederum verschwinden lassen darf oder muß, um zu seiner Entfaltung gelangen zu können.

Der neurowissenschaftliche Befund des innigen Zusammenhanges von Denken und Anschauung und die Hinweise auf strukturelle Imitationen der Informationsverarbeitung sind hilfreich, um diese Verhältnisse besser aufzuklären. Die Rede davon, daß das sich selber Sehen des Sehens das Ich selber sei, hilft hier jedoch nicht weiter. Auf Aufklärung der »Sehverhältnisse« durch die Neurowissenschaften kann jedoch gehofft werden, wenn sie die philosophische Dimension der Fragestellung offenläßt. Eine interessante, zur Zeit aber sicher noch vorweggenommene Antwort wäre, daß zwischen den mentalen und zerebralen Prozessen eine Isomorphie besteht, welche es gestattet, den eigenen Hirnzustand als Disposition zu betrachten und auf diese Weise den »Zentren« der Verstärkung oder Nichtverstärkung zuzuführen. In diesem Sinne wäre das Sehen eine Gestalt der Freiheit. Hölderlin hat geholfen, die strukturellen Momente dieser Disposition aus der egologischen Engführung herauszuleiten und den gleichsam »unendlichen« Bezug des Denkens zu verdeutlichen.

Die unnötige Flucht vor dem Ich

Die Ablehnung der egologischen Denktraditionen hat viele Argumente auf ihrer Seite. Der Dr. Faustus als Ausdruck der »über«-selbstbewußten Fichteschen Ich-Philosophie ist nicht zu Unrecht mit der Katastrophe des Dritten Reiches in Zusammenhang gebracht worden. Doch auch der nicht-egologische Denkweg, die Weigerung, vom Ich auszugehen, kann Nachteile haben, da zugleich mit der Ablehnung von ich-haften Herrschaftsansprüchen mitunter die ethische Verantwortung abgewählt wird. Hier kommt es also auf Differenzierung an.

Es gibt Situationen, die nicht allein von ihrer Gesamtstimmung her zu einer Lösung kommen, wenn nicht eine

Handlung auftritt, die die Harmonie im Moment zu zerreißen scheint. Geschlechtliche Vereinigung bedarf einiger Handlungen, die mit der Sehnsucht nach Verschmelzung nicht unbedingt in Einklang stehen. Die Entscheidung zum Entkleiden und der Vorgang des sich von den Kleidern Befreiens müssen nicht unbedingt thematisch werden, und wenn Hyperion, diesen Vorakt gleichsam ausblendend, aus einer Ohnmacht unmittelbar in den Armen seiner Diotima erwacht, so kommt hier eine Handlungsangst zum Ausdruck, von der störende Impulse für die Verschmelzungslust befürchtet werden, insbesondere, wenn es noch zu einer komplexen Interaktion kommen sollte. Es muß ja nicht gleich so weit gehen wie in Hemingways Shortstory, in welcher der zurückkehrende Soldat nach vielen frustrierenden Versuchen, ein Mädchen zu gewinnen, das Resümee formuliert: »I don't want to go through that talking again!« Also träumt sich Hyperion unter Ausblendung einiger motorischer Notwendigkeiten in die Arme der Diotima. Die Elimination der praktischen Vernunft, zu der auch der Umgang mit Kleidungsstücken gehört, erscheint dann fast als ein notwendiges Programm einer im All-Einen verschwinden wollenden Empfindsamkeit. Da diese praktische Vernunft mit der vegetativen Entspannung nicht immer übereinstimmte, ergab sich für die Praxis der Liebe, betrachtet man einmal nicht nur die glückenden Beziehungen, die Frage, wie praktische Vernunft und vegetative Entspannung zu harmonisieren seien. Angesichts der heutigen Wellness-Präparate stellt das Wissen um diese Sachverhalte eher eine auf die Vergangenheit gerichtete Domäne der Psychoanalytiker, Psychotherapeuten und Psychologen dar. Die gespreizte Auseinanderlegung der Sachverhalte ist heute eher zum Gegenstand eines hellen Lachens geworden. Für die gefühlsmäßigen Ursprünge von egologischem und nicht-egologischem Denken befinden wir uns hier jedoch vielleicht in einem wichtigen Bereich. Der Mann, der nicht glaubt, daß die Frau seine Stärke will (angesichts radikal feministischer Theorien zweifeln manche Männer daran), der daraufhin zwar nicht von seiner Sehnsucht, wohl aber vom Zentrum seiner Stärke abläßt, liefert den Boden für ein allverschmelzendes All-Einheitsdenken, in der er in die Situation gerät, die Fichte mit dem Satz beschrieb: »Welche Philosophie man betreibt, hängt davon ab, was für ein Mensch man ist.« Wer die Weltdeutung dann mit einem harten Ich beginnen will, muß gelernt haben, daß dieses zum Teil gerade gewünscht ist, ohne daß dabei mitgewünscht wäre, daß er dieses zur Schau trägt. Es wäre also zu lernen, nicht nur, daß das starke Ich gewünscht wird, sondern auch, daß es sich nicht unnötig aufspielt. An diesen zwei Aufforderungen sind manche irre geworden, da sie darin fälschlich einen Widerspruch sahen. Betrachtet man die historischen Auswirkungen der Egologie (von denen wir uns vielleicht noch gar nicht befreit haben), dann wäre zu fragen, ob der ganz andere Weg nicht auch etwas für sich hätte, bei dem der Doppelschritt von der Verhärtung zu deren Nicht-Zurschaustellung (sei es, daß er nicht gelernt wurde oder lebenspraktisch sich gar nicht als erforderlich erwies) stattdessen in der ersehnten All-Verschmelzung auch eine praktische Korrespondenz gefunden hätte. Man sollte nicht dem vorschnellen Irrtum verfallen, Romantiker seien schlechte Liebhaber. Sie sind vielleicht nur rücksichtsvoller und manchmal eben zu rücksichtsvoll, weil dem nie aussprechbaren Wunsch nach »Gewalt« nicht entsprechend. Übernimmt die Frau mehr Handlungsinitiative, dann könnte der Romantiker nicht nur zur Idealgestalt, sondern auch zur Realgestalt feministischer Ethik werden. Wenn Christina von Braun auf die Terminologie Fichtes anspielt und kritisiert, daß den Frauen in einer Philosophie des Ich nur die

Rolle des Nicht-Ich übrigbleibt, dann ist darin eine berechtigte Kritik und wohl auch der Hinweis auf den nie auszusprechenden Wunsch nach Ich-Anmaßung des Mannes enthalten, dessen Nicht-Aussprechen gerade in der Gestalt des Romantikers, der allerdings erst nach langem Wissen zum Schweigen gelangt ist, seine Vollendung finden könnte. Doch vielleicht ist auch diese Alternative illusorisch, denn selbst bei Hölderlin erwacht das All-Eine, die Natur, »mit Waffenklang«.

Natürlich könnte man versuchen, die Differenz zwischen Fichte und Hölderlin stark zu machen und einen Denkweg jenseits der Egologie zugunsten eines Denkweges zu favorisieren, der bei der Tatsache, daß etwas ist, beginnt. Aus solch einer Perspektive wäre nicht entscheidend, wer ich einmal sein werde, sondern daß ich überhaupt bin. Solch eine Perspektive steht eher bei der Weisheit »Werde, der du bist!« als bei dem Anspruch und der Aufforderung »Werde, der du sein wirst!« Vielleicht tritt ja doch, wenn Hölderlins tragische Ahnungen und klirrende Anklänge nicht zutreffen, eine Harmonie der Dinge eher ein, wenn sie nicht unter die Herrschaft eines konstruierten Ich gestellt werden, sondern dieses sich aus der Harmonie der Dinge und der Vielfalt der Bezüge zu verstehen sucht. Dann wäre den präreflexiven Strukturen, wie eben schon zum Teil versucht, noch mehr Aufmerksamkeit zu schenken und zu überlegen, wie die Frau dem Mann die von ihr (heimlich) gewünschte Stärke schenken kann, indem sie ihm, der sich schwach fühlt und sogar romantische Schwäche auszuleben scheint, mit Hilfe zur Verfügung steht. Eine Stärke, die er durch sie gewinnt, hat Bindekraft, auch dies kann ihre Lust sein. Doch Skepsis ist angesagt gegenüber solch tiefgreifenden Modellen, die von der Beziehung der Geschlechter ausgehend (führen die Verbesserungsvorschläge nicht nur zu noch mehr Flucht

vor den Beziehungen?) mit ihren unkalkulablen Effek-
ten im Beziehungschaos im Politischen fast berechenbar
manchmal das Gegenteil vom Geplanten bewirken: so z. B.
die Zerstörung der Vielfalt von Kulturen, ohne den Beweis
antreten zu können, daß die in der Tat auf dem Rücken
der Geschlechterbeziehung ausgetragene Bewältigung der
Naturverhältnisse (Hunger und Not) keine weiteren Ent-
behrungen am Horizont mehr erscheinen lassen wird. Not
macht erfinderisch. Doch unsere Emotionen geraten
zunehmend in ein Kalkül der politischen Absicht, daß
einem die Lust vergeht, sich den so kalkulierten Emotionen noch hinzugeben. Eine Gesellschaft, die beansprucht,
als Wissensgesellschaft zu wissen, daß sie weiß, wird mit
dem Verlust des Nicht-Wissens der Dimension des Eros
ihre Findigkeit noch nicht automatisch aufgeben. Philosophisch aber nun in der Alternative zur Fichteschen Egologie ein Denken des »Es ist etwas, das allem vorausgeht«,
favorisieren zu wollen, scheint als Alternative nur noch
schwer formulierbar zu sein, wenn das Wissen des Wissens
auch schon alles zu wissen meint, was dem Wissen vorausgeht. So könnte im Hinblick auf unsere Zeit gemutmaßt
werden, daß beide, Fichte und Hölderlin, Egologie und das
hinter das Ich zurückgreifende Denken im All-Einheitsan-
spruch eines Ich, das das Wissen des Wissens hat, nämlich
auch weiß, wie sein Ursprung ist, eine unentwirrbare Ver-
flechtung eingegangen sind, so daß eine kritische Pose wie
die von Heidegger gegen das Ego der Neuzeit oder von
Adorno und Horkheimer gegen die Herrschaft ausübende
Vernunft kaum noch auf Boden und Ressourcen zurückgreifen kann. Aber vielleicht kann im Wissen des Wissens
ein Nicht-Wissen aufgezeigt werden, das nicht nur zu fordern wäre, sondern strukturell uneinholbar bleibt. Vielleicht muß diese Einsicht ja auch nicht nach dem Stile der
Blendung des Ödipus oder des bei Hölderlin erwähnten

herabgeworfenen unglücklichen Priesters erfolgen, sondern kann mit einem Herzen, das sich mit Dankbarkeit füllt, geleistet werden.

Das Ganze und die Freiheit

Man könnte (wie Stefan Büttner) der Ansicht sein, daß für das Ganze und die All-Einheit bei Hölderlin die Natur steht. Dennoch zerbricht bei ihm das Ganze nicht erst im Tragischen. Es bedarf des Gesetzes der Freiheit, da die Vorstellungen der Einbildungskraft normalerweise im Zustande der Anarchie sind und eher zufällig das Glück in der Vorstellungskonstellation auftritt, die mit der Moralität übereinstimmt. Wir lernen daher normalerweise dieses Gesetz der Freiheit erst über die Strafe. So kündigt bei Hölderlin nicht erst das Tragische den Zusammenbruch der Einheit an, sondern, diese muß schon im vorhinein zu übersteigen gesucht werden, wenn sie denn in der Natur gesucht würde. Hölderlin geht sogar so weit, daß er die in Gedichtform gehaltene Frage, woher denn dieses Streben nach Einheit und dem Einzigen komme, mit der Überschrift *Wurzel alles Übels* versieht. Beschränkt man sich darauf, dies auf den zeitgenössischen Einheitskult der Vernunft zu beziehen, dann wäre gerade diese Tätigkeit der Vernunft, sich um Einheit zu bemühen, als »Wurzel alles Übels« zu verstehen. In der Tat ergibt sich ja die Frage, ob eine Vernunft, die sich um die Einheit der Regeln des Verstandes kümmert, genügend Aufmerksamkeit übrigläßt für die Kommunikation mit dem Anderen. Bastelt sie nicht zu sehr an der Architektonik des Geistes und der schönen Seele und der Herstellung von Einheit in der Zerrissenheit, als daß sie sich dem Ethischen öffnen könnte? Muß zwischen dem Interesse an einer Architektonik der Vernunft und den Gesetzen der Offenheit für Kommunikation nicht das Gewicht auf die Seite der Offenheit gelegt werden, so daß das Einheitsinteresse der Vernunft hintangestellt werden müßte? Bedenkt man, daß Vernunft in erster Linie einheitsstiftende Funktion hat, und zwar nicht in Beziehung der Menschen untereinander, sondern primär in Beziehung auf den Verstand, und daß der Verstand der Menschen sehr unterschiedlich organisiert sein kann, dann wären jene Zeiten sehr gefährlich zu überleben, in denen eine universale Organisation des Verstandes durch die einheitsstiftende Leistung der Vernunft erwartet wird. Sollte Vernunft, statt sich der Einheitsstiftung zu widmen, nicht lieber sich der Offenheit stellen? Sollte an die Stelle einer einheitlichen Architektonik der Vernunft nicht eine treten, die in ihrer Gebrochenheit auf Alterität und Offenheit verweist, so wie dies bei der jüdischen Architektur z.B. beim zeitgenössischen Bibliotheksbau in Jerusalem oder auch beim Jüdischen Museum in Berlin in Asymmetrie und Zerbrochenheit zum Ausdruck kommt? Die Nicht-Geschlossenheit der Architektonik steht dabei für die Unerwartetheit der ethischen Anforderungen.

Nun könnte man der Meinung sein, daß Hölderlin diese Offenheit in dem unendlichen Bezug des Gevierts ebenfalls ankündigt. Dennoch ist zu vermerken, daß die hier vermittelte Unendlichkeit eher der Mitte in der Festung eines Mandalas entspricht, das anders als die Stadt auf dem Berge mit ihren zwölf geöffneten Toren nicht nach außen verweist.

Ich denke, daß die Leistung der »inner-mandalaischen« Unendlichkeit mit jener der abgebrochenen Symmetrie für die menschliche Interaktion nicht ohne weiteres verglichen oder gar zur Entscheidung gebracht werden kann. Hier gilt eher die von Heidegger bei Kant angemahnte

Entscheidung über geistige Positionen anhand ihrer geschichtlichen Folgen.

Betrachte ich die geschichtlichen Folgen, so liegen meine Sympathien auf der Seite der Architektur der abgebrochenen Symmetrien. Statt nur von Sympathien zu reden, kann man diesen Gedanken auch radikaler formulieren und zwar wieder im Rückgriff auf Heidegger, der in seinen *Beiträgen zur Philosophie* äußert:

Ein Volk ist nur Volk, wenn es in der Findung seines Gottes seine Geschichte zugeteilt erhält, jenes Gottes, der es über sich selbst hinwegzwingt und es so in das Seiende zurückstellt. Nur dann entgeht es der Gefahr, um sich selber zu kreisen und das, was nur Bedingungen seines Bestandes sind, zu seinem Unbedingten zu vergötzen.

Nimmt man dies mit Heideggers Annahme über die Folgen zusammen und versucht man sich nicht gegenüber dem Holocaust in der von Hölderlin vorbereiteten und von Heidegger in den fünfziger Jahren ausformulierten Mandala-Festung abzusichern, dann ergibt sich die Vermutung, daß es der jüdische Gott ist, den das deutsche Volk in seiner Geschichte zugeteilt bekommen hat, nachdem es mit Hölderlin Christus in die Reihe der griechischen Göttergestalten gestellt hatte (Christus als Bruder von Herakles und Dionysos und bei Nietzsche noch einmal in einer seltsamen Identifizierung von Dionysos und Christus in der Gestalt des Dionysos als Gekreuzigte).

Meinheit und Freiheit

Erkenntnistheoretisch kann man das Gehirn als einen Ort ansehen, an dem sich das »All-Eine« versammelt. Vieles spricht dafür, daß man mit neurosemantischen Modellen über das Gehirn hinausreichen muß. Dann aber nicht nur zur Natur allgemein, sondern auch zur Kultur. Dennoch ist das Gehirn so etwas wie ein Ort, an dem das All-Eine seine Aufführungen probt. Aufgrund des damaligen Standes der Hirnforschung glaubte Hölderlin, daß die höchsten Zinnen des Geistes durch die Hirnforschung nicht erreicht werden könnten: »... doch zur Zinne hinauf werden die Treppen zu steil.« Bedenkt man die Problematik der Semantik, also der Bedeutungsdimension des Denkens und der Wörter, so möchte man hinzufügen, daß die höchsten Zinnen zumindest durch die Hirnforschung allein nicht erreicht werden können. Kant und Hölderlin konnten noch nicht absehen, daß die Hirnforschung sogar für die Fragen der semantischen Dimension, also der Bedeutungsdimension, ein Gesprächspartner sein könnte, wenn man sich denn auf Dialoge einlassen wollte. Angesichts der Tatsache, daß auch an den höchsten Tätigkeiten des Geistes das Gehirn beteiligt ist, gewinnen Freiheitstheorien, die zu einer Zeit entwickelt wurden, als man noch glaubte, der Geist könne vom Gehirn unabhängig tätig sein, eine problematische Dimension, wenn sie in die heutigen Verhältnisse der Einsicht in die Allbeteiligung des Gehirns an geistigen Prozessen übersetzt werden sollen. Man könnte meinen, da das Gehirn ja auch den Gesetzen der Natur unterliege, daß das Ich selber bei den Prozessen, die man für frei hielt, nun ganz dem Determinismus unterläge. Das wäre jedoch eine zu kurze Wendung von der Sonderstellung der Person innerhalb der Natur zu deren globaler Vereinnahmung. Schließlich sind die Hirnprozesse in der Tat nicht von einer so einfachen Mechanik wie das Aufeinandereinwirken zweier Mühlräder. Die Feststellung, daß auch das Gehirn Natur sei, enthebt uns nicht der Notwendigkeit, auf die Besonderheiten der auch Natur genannten neurodynamischen Prozesse besonderes Augenmerk zu legen. Man könnte die früheren Intuitionen über Freiheit, die sich gegen die äußere Natur wandten, ja auch so wenden, daß man sagt, na gut, in meinem Kopfe gibt es auch noch eine Art Natur, die allerdings höchst komplex und auf eine schwer zu klärende Weise mit Kultur vermengt ist und bei dieser Vermengung immer auch noch von Ich-Zuschreibungen durchquert wird, dies aber, diese Gemengelage, die in meinem Kopfe stattfindet, will ich gegen die äußere Natur setzen, so daß auch, wenn die Gesetze der Physik für einige Aspekte der kognitiv-neuronalen Prozesse von Relevanz sind, ich diese eben zu mir rechne und gegen die ansonstige Determiniertheit der Außenwelt setze, so daß man also keinesfalls folgern müßte, daß aus dem Nachweis der Beteiligung des Gehirns an meinen Akten zu schließen wäre, sie seien von der gleichen Komplexität wie die der Außenwelt. Gerade die Komplexität, auch wenn sie determiniert sein mag, der in meinem Kopfe stattfindenden Prozesse kann aber durch eine Theorie der Rhythmen verdeutlicht werden. Dabei kann ich in bezug auf die Freiheitstheorie die Position einnehmen, daß all dies oder vieles von dem, was in meinem Kopfe stattfindet, sei es auch deterministisch, in einem Akt gegen die Natur gesetzt werden kann, der als dieser Akt, wie alle vor 200 Jahren erlebten Akte der Freiheit, ein Gefühl der Selbstbestimmung mit sich führt. Die vermutete Absolutheit und die Setzung eines völlig neuen Anfangs in solchen Akten kann man, ohne auf die auf diese Weise früher beschriebenen Akte verzichten zu wollen, in der Differenziertheit in bezug auf das, was in meinem Kopfe aufgrund meiner Biographie und anderer Momente wegen geschieht, genauer auseinanderlegen. Die Tätigkeit des Gehirns als die »Freiheit eines mechanischen Bratenwenders« charakterisieren zu wollen, wird den vielfältigen, auch semantischen Verflechtungen seiner Tätigkeit und meines Lebens nicht gerecht.

Indem man sich auf das Ich beruft, beruft man sich keineswegs auf die Vernunft, sondern im Gegenteil auf Irrationalität schlechthin. Mit dem Wort Ich wird ein Bündel von Unvernünftigkeiten getroffen, das erst recht in einer rationalen Darstellung dazu geeignet ist, all seine evolutionären Brutalitäten zu verstecken. In der Evolutionstheorie kann man die negativen Mechanismen des Menschen wenigstens zur Sprache bringen, unter dem Begriff des Ich sind sie wohlfeil versteckt. Um so mehr gilt es, wenn jemand sich auf sein Ich beruft, die Vernunft walten zu lassen. Die Vernunft bricht noch nicht mit der Nennung des Ich aus, sondern ist gerade dann erst aufgerufen, ihr Geschäft aufzunehmen. Wenn jemand »Ich« sagt, ist zu respektieren, daß er eine Menge Lebensinteressen einbringen will. Die Vernunft ist damit noch nicht aufgetischt, muß aber jetzt zum Zuge kommen. Das vertrackte Problem unserer traditionellen Kultur liegt darin, daß immer wieder versucht wird, die Vernunft nicht nur als Vermittler zwischen verschiedenen »Ichs« mit ihren je eigenen Lebensinteressen zu verstehen, sondern die Vernunft selber sogar als im Ich gegründet erscheinen zu lassen. Solange es nur darum geht, derartige Probleme beim »Italiener« bei Rotwein charmant »aufzudröseln«, behält dieses Problem natürlich eine gewisse Sympathie für sich. Schwieriger und relevanter wird es, wenn verschiedene »Iche« in Aggression und unter Abgrenzung ihrer Identität aufeinandertreffen und beide dann eine in ihnen jeweils gegründete und dennoch vorgeblich allgemeine Vernunft beanspruchen wollen.

»Willst du einen Eisbären oder einen Wal erlegen, so denke an eine Frau!« heißt es in einer Redensart der Eskimos. Offenbar sind das, was man unter Geschlechtlichkeit und Liebe zusammenzufassen versucht, und die Tätigkeit der Jagd, des Tötens, nicht völlig getrennte Bereiche, sondern Haltungen, die sich möglicherweise in beide Richtungen gegenseitig befördern können: die Liebe die Aggression und vielleicht auch die Aggression die Liebe. Wäre dies der Fall, dann könnte unter dem Stichwort der Liebe die Erlösung der Welt nicht so ohne weiteres einleuchten, es sei denn, es würde auf besondere Vorkehrungen für die Liebe geachtet. Im Faustdrama jedenfalls ist das Liebesbegehren Ausgangspunkt einer Reihe von Todesfällen, die Faust in Kauf nimmt, um zur Verwirklichung seines Begehrens zu gelangen. Gretchens Bruder wird im Degengefecht erstochen, ihre Mutter durch überdosiertes Schlafmittel umgebracht, das Kind der Beziehung getötet und Gretchen selber in den Wahnsinn getrieben. Seltsamerweise heißt es am Ende des Faustdramas »Das Ewig-Weibliche zieht uns hinan«, gleichsam als Erlösungsspruch. Doch wie hat man sich diese Erlösung zu denken, wenn das Begehren und das Sehnen nach dem Ewig-Weiblichen Ursache der Mordtaten ist? Und hat nicht der Teufel, Mephisto, als Hilfsdiener die Sehnsucht nach dem Ewig-Weiblichen zu den bösen Taten, den Tötungen hingeführt? Nun gut, man könnte der Ansicht sein, daß die Kraft, die in weltlichen Bezügen zum Bösen verführen kann, im Hinblick auf den Weg der Seele letztlich doch deren Erlösung ermöglichen würde. Das könnte zu der Annahme verführen, daß am Schluß vielleicht sogar Mephisto, der als Alter ego einen Teil der Seele des Dr. Faust mitkonstituiert, mit erlöst wird.

Dennoch müßte man sich über die Vertracktheit einer

Welt wundern, in der das, was Seelenheil bewirken soll, Anlaß und Ursprung des vorhergehenden Mordens ist. Will man da nicht radikal auf sein Seelenheil verzichten oder eher eine solche Heilsbotschaft anzweifeln? Nun, wir wollen Dr. Faustus nicht das Seelenheil nehmen, obwohl wir dies keinesfalls mit Gewißheit entscheiden können. Vielleicht hat er, und wir wünschen es ihm, sein Seelenheil ja gefunden, auch wenn die Entdeckung gilt, daß in ihm nicht nur die Sehnsucht nach dem Ewig-Weiblichen, sondern über das Erkenntnisbegehren hinaus auch noch die vertrackte Seelenbeziehung zu Mephisto bestand. War sein Begehren (eine Änderung der Wortwahl würde am folgenden Verdacht nichts ändern) gegenüber Mephisto nicht primär und konstitutiver als jenes gegenüber Margarete? Hat er versäumt, ohne viele Tricks ihr seine Liebe anzutragen und deren Verwirklichung ohne Mord und Tod zu erwarten?

Gerade auf dem Osterspaziergang, als doch die innige Vereinigung mit Christus die Persönlichkeit konstituiert haben soll, die in der Auferstehungshoffnung der Liebe besteht – rennt ihm ein Pudel zu. Muß also noch eine zweite Synthese, jetzt mit dem Tierhaften, erfolgen, um eine Personalität zu erwirken, die zu freien in der Lage ist? Man könnte dies ablehnen und sagen, die Vereinigung mit Gretchen könne doch auch über das symbolisch Verbale gelingen (klassisch natürlich in der Gestalt der bürgerlichen Hochzeit), der Körper würde schon wissen, was er zu tun hätte. Statt dessen bläht sich hier eine Identität auf, welche die Integration des Animalischen schon vorwegnehmen will, statt auf deren spontane Entäußerung, wenn denn Situation und Einvernehmen gegeben sind, zu vertrauen.

Welches wäre die Alternative? Hölderlin in dem Gedicht *Vom Abgrund nämlich* … setzt sich ab vom herrschaftlichen Löwen, wir seien zwar

> … gegangen dem Leuen gleich, in Zweifel
> und Ärgernis,

hier sieht er dennoch eine Integration des »Animalischen«:

> Denn sinnlicher sind Menschen
> In dem Brand
> Der Wüste,
> Lichttrunken und der Tiergeist ruhet
> Mit ihnen.

Doch in der Stadt sieht es anders aus:

> Bald aber wird, wie ein Hund, umgehn
> In der Hitze meine Stimme auf den
> Gassen der Gärten.

Hölderlin fährt fort:

> Allda bin ich alles miteinander.

Nicht daß seine Stimme bellen würde, vielmehr bewegt sie sich wie ein Hund, so, als ob die Sprache Feinheiten aufstöbert und angelockt wird von diesem oder jenem Reiz, stöbernd auf den Gassen der Gärten. Nach dem poetischen Gesetz ist da alles mit allem verbunden. Kann dann überhaupt noch die Frage der Erlösung gestellt werden?

Der Einzige

Geht man davon aus, daß in der Integrationskraft der Seele die Spiegelung, der Narzißmus und die Selbstdarstellung einige der größten Herausforderungen darstellen, dann muß man sehen, daß die Vorstellung der Vereinigung mit dem Anderen, wie sie im Christus-Ereignis traditionell gedacht wurde, dieser Integrationsmöglichkeiten verlustig geht, wenn zum Polytheismus der vielen Götter übergegangen wird und das Geschehen der seelischen Vereinigung an die Festtafel der Feier delegiert wird. Hölderlin fürchtet, wenn er den einen verehrt, den anderen zu sehr zu vernachlässigen. Damit meint er die griechischen Götter, wenn er an Christus denkt und umgekehrt. Enthebt er sich damit aber nicht jener Tiefe der seelischen Vereinigung, wie sie in dem Christus-Ereignis angedeutet ist und wie sie in der anderen sogenannten »Doppelgänger«-Version der seelischen Entwicklung (z. B. Dr. Faust) hier zur Katastrophe führt? Hölderlins Wahnsinn, war das ein Synthese-Versuch am untauglichen Objekt, der Scheinheit der Götter? Als Hölderlin dann zur Reduktion der zur Synthese anstehenden Elemente schritt, nämlich Himmel und Erde einander gegenüberstellte, war die persönliche Tiefenkraft der Integration ins eher Unpersönliche gewichen. Damit entbehrt aber auch die seelische Integration der ethischen Dimension, wie sie im Zugang auf den Anderen bei der »Selbstheilung« leicht mit thematisch werden kann.

Die Stimme und das Versprechen

Die eigene Stimme lädt dazu ein, etwas zu erleben, was man als »bei sich selber sein« charakterisieren möchte. Wer hat nicht schon einmal erlebt, daß er im Gespräch plötzlich das Gefühl hatte, sich selber zuzuhören oder zuzuschauen. Aus neurophysiologischer Sicht sind es natürlich partikulare Regelkreise, die beim Sprechen aktiviert sind und damit noch nicht die Aktivierung des ganzen Gehirns bedeuten müssen. Gerade deshalb ist es wohl auch möglich, eine »Spiegelung« durchzuführen und aus den Reserven übriger Hirnregionen heraus die eigene Verarbeitung von Sprache noch einmal zu beobachten. Dabei kann es sich um das Phänomen handeln, daß man erstaunt bemerkt, daß man z. B. beim Vorlesen eines Textes in der Schule die Perspektive der Mitschüler oder des Lehrers einnehmen kann, ohne daß durch diesen Perspektivwechsel der Lesefluß und Redefluß unterbrochen wäre. Der »Volksmund« kennt aber auch noch eine andere Variante, diese Erfahrung, die sich im Satz »Der hört sich wohl gerne reden!« niederschlägt. Die darin zum Ausdruck kommende Kritik an ego-bezogenen Perspektiven ist von Jacques Derrida philosophisch systematisch durchgeführt worden. Derrida hat die Minderwertung der Schrift in unserer Gesellschaft einer kritischen Analyse unterzogen und versucht, die Orientierung an der Stimme zurückzudrängen. Eine Auseinandersetzung mit Derridas zentralem kulturkritischem Angriff (gegen den Phallogozentrismus) wäre eine eigenständige weitreichende Untersuchung wert. In dieser Frage konvergieren so viele Motive (Schrift, Stimme, Sprache, Tod, Sexualität, Eros usw.), daß sie gerade deswegen so dringlich wie undurchführbar zu sein scheint. Einige Aspekte dieses riesigen Komplexes werden jedoch sicherlich einer eingehenderen Untersuchung zugeführt werden. Dringlich wäre z. B. die traditionelle Verbindung von Schrift und Tod, wie sie in der Rede vom »toten Buchstaben« zum Ausdruck kommt, die in dem Versuch, Lebendigkeit zu beschwören, mit dem gefährlichen Muster des Todbringens operiert. Die hebräische Schrift kennt nicht das Konzept des »toten Buchstabens«, da sie ohnehin nur in der Lebendigkeit lesbar ist, weil immer in das Lesen auch Interpretation hineingewoben werden muß, da die Vokale vom Leser erst erschlossen werden müssen, indem er über den Sinn reflektiert. Anders als in der lateinischen Schrift, die Konsonanten und Vokale gleichermaßen abbildet, ist in einem hebräischen Text die ganze Kraft des Interpreten gefordert. Hier ist mit der Schrift und ihrer Lektüre eine Art von »Präsenz« geliefert, wie sie am Beispiel des »lebendigen« Wortes nur erträumt werden kann, wenn dieses in der Gegensetzung zum »toten Buchstaben« konzipiert wird.

Natürlich kann die Frage des Bewertens von Schrift und Stimme heute beim Übergang ins E-Mail-Zeitalter zahlreiche Alltagsevidenzen gewinnen, die deutlich machen, daß mit der elektronischen Schrift doch so etwas wie ein Primat der Schrift sich zu etablieren scheint. Zwei Freundinnen begegnen einander zufällig auf der Straße und sagen: »Ich werde dir gleich mailen« und äußern in dem »En-Passant-Gespräch« die Stichworte, die dabei verwendet werden. Nicht selten kommunizieren Mitarbeiter eines Labors sogar im selben Raum miteinander, indem sie einander E-Mails schicken. Ungewöhnlich ist auch nicht der Anruf des Kollegen, der nach der E-Mail-Adresse fragt, um eine Vortragseinladung schriftlich auszudrücken, obwohl er das, da man ja gerade schon am Telefon ist, natürlich auch im Gespräch könnte. Einiges spricht dafür, daß das Gespräch zur Strukturierung der schriftlichen Kommunikation herangezogen wird und selber nicht mehr »logozentrischer« Mittelpunkt ist. Die Frage der Präsenz kann natürlich auf sehr unterschiedliche Weise beantwortet werden, je nachdem, wieviel Bewußtseinshelle man für sie beansprucht. Derrida nimmt die Stimme als ein Phänomen, an dem sich die Selbsthabe entwickeln konnte, da der Sprecher ja sich selber wahrnehme und in diesem Sinne bei sich selber sei. Die Einnahme der Perspektive der Neurophysiologie führt in einem gewissen Grade gleichsam automatisch zur Einnahme der Perspektive der »Dekonstruktion«, da auf neurophysiologischer Ebene die Prozesse in erheblichem Maße parallel organisiert sind, wo der

Phänomenologe Einheit vermerken möchte. Das heißt, die einheitlich erfahrene Stimme wird durchaus in mehreren neurokybernetischen Regelkreisen realisiert, ohne daß dieser Pluralität auf der neurophysiologischen Ebene zugleich eine phänomenologische Pluralität entsprechen müßte. Interessanterweise ist phänomenologische Einheit nicht selten mit einem »Bündel« von Prozessen auf der neurophysiologischen Seite verbunden. Daraus muß nicht Grundsätzliches gefolgert werden. Will man es genau nehmen, dann ist sogar zu vermerken, daß auf neurophysiologischer Ebene bei der Stimme sehr oft der Organismus auf Rückkopplungsschleifen verzichten kann, wenn das Sprechen erst einmal gelernt ist. Dies muß aber nicht gegen Derrida gewendet werden, sondern kann bedeuten, daß die Stimme insofern doch eine besondere Auszeichnung besitzt, als bei ihr neuronale Regelkreise, die bei anderen motorischen Systemen für die Rückkopplung eingesetzt werden, hier für andere Aufgaben zur Verfügung stehen. Vielleicht konnte der Mensch gerade deshalb bei sich selber zu sein lernen, weil die Stimme jenes Organ bzw. System ist, in welchem dieses nicht ständig kontrolliert werden muß.

Ich denke, daß man die Neurophysiologie weder für noch gegen Derrida in Anspruch nehmen kann, indem man sich gegen oder für die Metaphysik allein aufgrund der neurophysiologischen Befunde aussprechen dürfte. Auch wenn unser Nervensystem die Möglichkeit des Bei-sich-Seins zur Verfügung stellt, bedeutet dieses nicht, daß hierin nicht nur eine große Machtkonzentration und darüber hinaus auch deren Mißbrauchsmöglichkeit aufgezeigt werden können. Noch weitreichender kann nämlich postuliert werden, daß aufgrund der auch kulturell mitgeprägten Dynamik neuronaler Verhaltensweisen der Mensch ein »dosiertes« Bei-sich-Sein zu seinem Konzept machen kann. So, wenn er sich vornimmt, bei sich selber zu bleiben, auch wenn noch so viele Verschiebungen und Parallelitäten die dann daran beteiligten neuronalen Prozesse heimsuchen könnten.

Monismus als Bewahrung vor Verdoppelung

Die Frage nach Einheit und Ganzheit wird nicht selten nur als ein Streit zwischen Geistes- und Naturwissenschaften verstanden, damit aber noch nicht in seiner eigentlichen Dimension erfaßt. Der Naturwissenschaftler, der sich die Natur oder einen Naturgegenstand auswählt und vorstellt und mit diesem in seinem Denken umgeht, erlebt diesen natürlich als etwas Geistiges, auch ohne dies extra zu betonen. Die Begeisterung, die er für die gewählte Sache empfindet, resultiert im wesentlichen aus der Auswahl und den Möglichkeiten des Gegenstandes und ist nicht davon abhängig, daß die »Begeisterung« sich auch vom Geist her deutet. Würde ein Geisteswissenschaftler darauf dringen, daß der Naturwissenschaftler seinen Gegenstand nur als vorgestellten versteht, so würde nicht in allen Fällen ein Erkenntnisgewinn daraus resultieren, denn was vorstellen und geistiger Bezug bedeuten, steht ja selber gerade in Frage, und im besonderen Fall der Hirnforschung kann der Umgang mit dem Gegenstand der Natur, der hier ausgewählt ist, sogar Licht auf die Frage, was denn ein geistiges Bezugssystem sei, werfen. An dieser Stelle mit der Aufforderung zu kommen, doch auf die geistige Dimension des Umganges mit Naturdingen so zu achten, daß sie als Subjektivität thematisiert würde, muß nicht unbedingt zu einem sonderlichen Erkenntnisgewinn führen und erst recht nicht zur Beflügelung des mit dem Gegenstand Befaßten, sondern kann ihn unter Umständen in eine Doppelung verführen, die seiner Arbeit nicht viel Gewinn bringt.

Eine interessante Kompromißkonstellation zwischen der Neigung der Naturwissenschaftler, objektive Haltungen einzunehmen und der Tendenz, geisteswissenschaftlich auf der subjektiven Position zu beharren, findet sich in dem Konzept, demzufolge das Gehirn sich seine Welt erträumt, wenn nicht gar konstruiert. Damit wird die distanzierte Haltung gegenüber den Gegenständen gleichsam ins Objektive gewendet, und der Naturwissenschaftler kann froh sein, daß er die Haltung des Geisteswissenschaftlers als objektive zum Gegenstand machen kann, und der Geisteswissenschaftler kann beruhigt sein, daß seine subjektivistische Distanzperspektivik auch im Objektiven wiedergefunden wird. Über der Freude an einem derartigen »Kompromiß« wird dann gerne vergessen, daß die Frage zu prüfen ist, ob die »Subjektivität« des träumenden oder konstruierenden Gehirns wirklich den realen Sachverhalten entspricht oder ob nicht vielmehr die Dinge doch über präreflexive Mechanismen und Konstellationen des »In-der-Welt-Seins« das Gehirn in einem Maße bestimmen, welches die Rede von der distanzierten Subjektivität nicht mehr ganz angemessen erscheinen läßt.

Dies sind Nebengleise der Debatte, die die Fülle der Problematik nicht thematisch werden lassen. Das Thema erschließt sich erst in Gänze, wenn nicht mehr der Zusammenhang zwischen dem Objektiven und der Konstitutionskraft des Subjektiven im Streit zu entscheiden gesucht wird, sondern wenn der Gedanke aufkommt, daß das Totum, das zur Debatte steht, stets durch eine Iterationsformel überboten werden kann. Sei es, daß Moira, die Schicksalsgöttin, oder der Tod außerhalb der Kugel des Seins verbleiben, sei es, daß die durch diese Iterationsformel konstituierte Differenz einen Weg anweist, Ihn, der nicht in der Welt verschwindet, zu benennen.

Bei Foucault kann man für die Kritik an der Ich-Philosophie und für die Sorge um das Selbst ein einheitliches Motiv unterstellen, welches sein Leben und Werk bestimmte: nämlich die Sorge um das Selbst in einem umfassenden Sinne, bei der zunächst einmal sichergestellt werden mußte, daß man von anderen nicht ausgeschlossen wird, wobei die überscharfe Betonung des Ich sicherlich zu den gefährlichsten Ausgliederungsmechanismen gehört. Dabei hat er zahlreiche Denkvorlagen von Martin Heidegger übernommen, der ebenfalls eine Destruktion des Ich vollzogen hat, dabei aber von anderen Motiven geleitet war. Die Gründe hierfür können nicht einmal in einer gesonderten Untersuchung ohne weiteres herausgearbeitet werden. Offenbar hat die Beschäftigung mit dem Willen zur Macht als eine Beschäftigung mit dem Willen zum Willen zum Abräumen zahlreicher »statischer« Denkstrukturen geführt, so daß am Ende nur noch eine weitgehend anonyme Macht übrigblieb. Dies zu erwähnen, ist nicht unwichtig, da mit der Weiterentfaltung der Hirnforschung eine ähnliche Situation gegeben ist: Das Konzept des Ich droht ebenfalls in den fast namenlosen Abgründen der Molekularbiologie zu verschwinden. Die Kritik an der Ich-Philosophie, die bei Foucault noch eine kritische Funktion im Sinne des Schutzes des Menschen vor sich selber hatte, entäußerte sich bei Heidegger an eine »quasi Anonymität«, die zur gegenwärtigen Situation der Hirnforschung und ihrer philosophischen Implikationen einige bedenkenswerte Parallelen aufweist. Ich-kritische Analysen sind von höchster Bedeutung, da das Ich zur starren Verhärtung und bloßen Formel werden kann, welche das Leben dahinter unberücksichtigt läßt und das Leben davor mitunter zur Ausschließung bringen möchte

(»Nicht-Ich«). So wichtig solche ich-kritischen Analysen sind, so gefährlich ist der Verzicht auf den Aufruf zur Verantwortung, der sich schließlich in irgendeiner Weise immer an ein Ich oder an ein Selbst richten muß. An dieser Stelle ist für eine Entwicklung der Lebenskunst von großer Bedeutung, inwieweit wir die ich-kritischen Impulse von Foucault bewahren und zugleich sein Projekt einer Sorge um das Selbst vorantreiben können. Ich denke, es wäre gut, überzogene ich-philosophische Positionen der Geschichte zu überlassen und sich um die Ernsthaftigkeit von Entscheidungen zu kümmern, die sich nicht nur einer Philosophie verpflichten, die sich streckenweise mit dem Entwurf eines Ich identifizieren zu können glaubte. Dann ist die Lebensentscheidung etwas, was wirklich das Leben betrifft und das Anheuern auf einem Walfänger wie bei Herman Melville oder die lebenslange Beschäftigung mit Wörtern wie bei Jean-Paul Sartre gleichermaßen umfaßt. Ob man bei Greenpeace arbeitet oder das Projekt einer Kritik der Vernunft vorantreiben will, ist eine Entscheidung, die nicht ausschließlich im Diskurs der Philosophie entschieden werden kann, da die Entscheidung sonst eine Schlagseite zugunsten eines Lebens in philosophischen Studien erhalten würde. Eine solche Entscheidung reicht weit ins Leben hinaus, und insofern wäre die Entscheidung zur Philosophie schon eine Selektion, die gegenüber Entscheidungen in Fragen der Religion, der Lebensführung usw. kein absolutes Primat beanspruchen kann.

Sich aber nun ganz an die Unerwartetheiten und Überraschungen des Lebens, heute würde man eher sagen, des Gehirns, auszuliefern, kann jedoch auch nicht die Alternative sein, da gerade das Wissen über das Gehirn zum Teil wiederum von recht partikularen Interessen verwaltet wird. Insofern ist das Beispiel Heidegger von großer grundsätzlicher Bedeutung und könnte als Lehrbeispiel für die Gegenwart dienen. Heideggers Verabschiedung des Ich führte zur Beförderung einer weitgehend anonymen Macht und der damit zusammenhängenden Katastrophe des Dritten Reiches. Wir täten gut daran, bei aller Ich-Kritik, an unsere Verantwortung erneut zu appellieren, gerade jetzt, wo das Ich von der Macht des Hirnwissens entthront zu werden scheint, wobei diese Macht ethischen Appellen aber nicht ohne weiteres zugänglich erscheint.

Das Ganze und das Multiple

Eine interessante Konzeption zur Frage des All-Einen legt Alain Badiou vor, der in seinem Manifest für die Philosophie zugleich eine Kritik an der Hölderlin-Heideggerschen Erwartung der Wiederkunft der Götter formuliert. Badiou, selbst Mathematiker, Philosoph und Dichter, spricht von dem Multiplen ohne das Eine. Darin scheint mir eine Weisheit verborgen zu sein, die noch weiter gehoben werden könnte. Auch von der Hirnforschung her scheint es nicht unbedingt verkehrt zu sein, von der Vielheit und Mannigfaltigkeit zu reden, ohne immer die Einheit gleich explizit machen zu wollen, da diese sich ja ohnehin in den Hirnprozessen schon auf ihre Weise konstituiert. Insofern wäre das Eine jenes, das sich in der Rede von der Vielheit einstellen, bei dem Versuch, es aber zu benennen, zerstört werden könnte. Hölderlin ist durchaus von einem Affekt gegen das monarchistische Eine geleitet. Sein Versuch, mit dem Einen umzugehen, ist nicht einer, der sich am deduktiv logischen und hierarchischen Modell orientiert, sondern der poetologisch tragisch aufs Ganze zugehen möchte. Vielleicht wird die aus der Hirnforschung im Impliziten zu situierende Einheit adäquat thematisiert, wenn sie im Respekt und der Verehrung auf Distanz gehalten wird.

Der Rhythmus und das Ganze

Folgt man Hölderlins Theorie, daß der Zusammenprall verschiedener Rhythmen zu einer für das betreffende Bewußtsein unkalkulierbaren Erregungsausbreitung führt, die in ihrem Korrelat Vorstellungen hat, die aber für sinnvolle Korrekturen zur Verfügung stehen, muß man folgern, daß das für die Aktivierung von Prozessen zur Verfügung stehende Hirnareal letztlich nicht restringiert werden kann. Man könnte sogar folgern, daß man dann von vornherein aufs Ganze gehen müßte. Hölderlins tragische Konzeption vom Ganzen steht also in der Folge seiner Rhythmustheorie. Das Ganze kann nicht gehalten werden, weil es nur in der Kollision umspielt werden kann. Dann könnte man aber auch folgern, daß es doch sinnvoll wäre, von vornherein Kollisionen zu vermeiden und das Partikulare und die Differenz zu betonen. Zumindest auf der expliziten Ebene wäre dies einen Versuch wert und würde dem entsprechen, was Paul Celan an dichterischer Zurückhaltung gegenüber der Integrationskraft des Gesanges hervorgehoben hat.

Der Raum

Aus der Sicht der Hirnforschung gehört das Thema des Raumes zu den interessantesten Forschungsgebieten. Dabei liefert die Hirnforschung Ansätze, die über das bloße Inversionsspiel von Innen und Außen hinausgehen und die erkenntnistheoretische Untersuchung der Rolle des

Raumes bei unserem Denken erheblich bereichern können. Der Raum wird dabei zu einem Moment innerhalb unserer Kognition und kann z. B. im Hinblick darauf untersucht werden, inwieweit seine tragenden Strukturen in der primären visuellen Wahrnehmung von komplexeren mentalen Vorgängen usurpiert werden können. Es kann aber auch untersucht werden, wie beispielsweise archaische Raumorientierungen, wie sie vom Hippocampus mitgeliefert werden, in die komplexe Kognition integriert werden, so daß auch bei unseren höchsten geistigen Leistungen räumliche Momente, wenngleich eher metaphorischer Art, mit ins Spiel kommen können. Dabei handelt es sich nicht um übliche Metaphern, sondern um die Verschiebungs- und Dispositionsgewalt über kognitive Elemente, die sich in Raumorientierungen bisweilen ausdrücken läßt und auch so ausgedrückt wird. Wir müssen große Vorsicht walten lassen, wenn wir Raummetaphern nur angesichts der vielen Möglichkeiten, mit Raum umzugehen, als eine Frage von Innen und Außen behandeln. Dies würde der Komplexität der Frage nicht gerecht werden. Natürlich muß die kantische Kritik gewürdigt werden, der zufolge es etwas naiv (aus mancher Sicht »obszön«) wäre, unseren Umgebungsraum einfach als Geborgenheitsraum für eine göttliche Allmacht anzusehen. Kants Versuch, den Raum als eine Leistung unserer eigenen Kognition zu werten, untergräbt die Unmittelbarkeit einer derartigen Intuition, obgleich man sich natürlich vorstellen könnte, insbesondere, wenn wir selber der Ausgangspunkt für Raumentwürfe sind und dieses Entwerfen nicht voll tatkräftig ist, daß doch Geborgenheitsräume mit konstituiert werden können. Ohne Frage hat die kantische Wendung aber bei der Raummetapher zu einer Vereinseitigung ihrer Behandlung im Hinblick auf bloße Innen-Außen-, Eigen-Fremd- und Herrschafts-Nichtherrschafts-Aspekte geführt. Man kann bei Hölderlin ähnliche Engführungen vermuten, wenn er den kantischen Gedankengang, der sich eigentlich auf den Newtonschen Raum bezieht, nun auch für die poetische Erfahrung der Sonne (»… o mein Herz wird untrügbarer Kristall, an dem das Licht sich prüfet …«) fruchtbar machen will. Hölderlins Schlußwort hierzu ist bekannt. Er sieht sich als den falschen Priester, der nur noch von seinem Irrtum zu berichten vermag:

> Ich sei genaht, die Himmlischen zu schauen,
> Sie selbst, sie werfen mich tief unter die Lebenden,
> Den falschen Priester, ins Dunkel, daß ich
> Das warnende Lied den Gelehrigen singe …
> (F. Hölderlin, *Wie wenn am Feiertage …*)

Zu fragen ist, ob die Hirnforschung sich nicht in einer ähnlichen Situation befindet, wenn sie durch Rückprojektionen auf das Gehirn die verschiedenen Raumkonstellationen zu ordnen versucht und über Enthaltenheit »letzte« Urteile zu fällen beabsichtigt. Hier muß, so glaube ich, Zurückhaltung gefordert werden, damit nicht die Hirnforscher wie Hölderlin als einer ihrer ersten, ebenfalls in die Rolle des falschen Priesters geraten und nun zwar nicht mehr kantianisch das Ich, wohl aber das Gehirn zum letzten Urteilsbezugspunkt für die Raumkoordinaten machen. Man muß in der Hirnforschung allerdings auch die Chance sehen, phänomenologische Erfahrungen mit dem Raum (»im Umgreifenden fühle ich mich geborgen«) wieder angemessen zu rekonstruieren. Dennoch ist gegenüber der Hirnforschung und ihren philosophischen Modellen kritisch anzumerken, daß in ihr ein Allheitsanspruch verborgen ist, demzufolge nicht aus ethischen Erwägungen oder einer religiösen Grundentscheidung heraus, sondern in der Projektion auf das Gehirn, eine Entscheidung über das Wohl und Wehe von Alleinheitsdenken und Differenzdenken gefällt zu werden versucht wird. Machen wir, wenn wir das Differenzdenken loben, nicht auch schon immer eine Aussage über das Ganze? Vielleicht ist dies Hölderlins Botschaft, daß wir uns in Bescheidenheit üben sollten, die aber, wenn das poetische Naturell des Lobenwollens nicht als Unterdrückung angesehen wird, trotz aller kantischen Erwägungen (die letztlich ja nur die Physik betreffen) in das Lob einfallen kann, daß letztlich der Herr der Größere ist.

Die Auserwähltheit

Die Kollision der Rhythmen muß nicht einfach zu einem tragischen Zusammenbruch des Ganzen führen, schließlich hat Hölderlin auch die hoffnungsfrohe Konzeption von der Ankunft der Götter und der Bereitung der Festtafel für diese entwickelt, die unter anderem über Heidegger und auch in Frankreich zu einer weitreichenden Konzeption der Geistesgeschichte wurde. Man hat dabei den Eindruck, daß das Willkommenheißen der Götter weniger ein Abtreten des Ganzen in eine teilweise Alterität darstellt als vielmehr, daß mit dem Aufrufen der griechischen Götter der Übermacht der christlichen Weltdeutung etwas entgegengesetzt werden soll. Dieses in der deutschen Geistesgeschichte nicht unwichtige Motiv findet mit Hölderlins Versuch, Heraklit, Christus und Dionysos als Halbbrüder zu charakterisieren, einen wichtigen Anfang und führt, interessanterweise, sowohl bei Hölderlin als auch bei Nietzsche zu einem existentiell persönlichen Zusammenbruch. Nietzsches Versuch, die christliche Mitleidsethik zu überwinden und Dionysos zu bevorzugen, findet sich schon früh der Artikulation entgegengesetzter Neigungen gegenübergestellt. Nietzsches Satz »Du gehst zu Frauen?

Vergiß die Peitsche nicht!« (*Also sprach Zarathustra*) ist weniger als Dominanzgebärde gegenüber der Frau zu lesen als vielmehr wohl als Ausdruck unterwürfigen Dominabegehrens, das sich auch in der Fotografie mit dem Freunde Paul Rée und der verehrten Lou Andreas-Salomé zeigt, wo Lou Andreas-Salomé die Peitsche schwingt und Paul Rée und Friedrich Nietzsche als »Gäule« die Kutsche ziehen, auf der sich Lou Andreas-Salomé plaziert hat. Dieses relativ frühe Foto findet seine spätere Verwirklichung in Turin, als Nietzsche sein Mitleid mit dem gedroschenen Droschkengaul nicht verhehlen kann und dem armen Tier um den Hals fällt zu einer Zeit, als er seine Briefe mit »Dionysos« oder »Der Gekreuzigte« unterzeichnete, was natürlich in dieser kaum beherrschbaren Verschränkung von Emotionen (Rausch und Mitleid zugleich) vom Wahnsinn nur noch schwer zu trennen war. Nüchterner, man möchte sagen, mit einer groß angelegten Strategie, wurde die Ankunft der Götter von Martin Heidegger behandelt. Heidegger spricht nicht nur von der Ankunft der Götter, sondern inszeniert beim Nachdenken über das Sein derart viele Topoi, die aus der alttestamentarischen Geschichte entlehnt sind, daß man den Eindruck gewinnt, er möchte unter dem Begriff des Nicht-Gottes, des Seins, dem deutschen Volk einen eigenen Gott bescheren und es im Sein entscheidende Eigenschaften des jüdischen Gottes usurpieren lassen. Die Menschen vermögen auf die Stimme des Seins zu hören, das durch Geborgenheit und Unverborgenheit zugleich gekennzeichnet ist. Darüber hinaus ist die Geschichte als Seinsgeschichte und nicht etwa als die Geschichte der Verheißung eines Gottes, der einen Bund eingegangen ist, zu interpretieren. Damit wird Geschichte zu etwas, bei dem die Menschen nicht einfach passiv Hörende und Zustimmende sind, sondern im Entsprechen gegenüber dem Sein auch ihr Geschick mitbestimmen.

Die Situation ist bei Heidegger nicht einfach so, daß man mit Erstaunen feststellen könnte, ach ja, durch Hannah Arendt hat er einige jüdische Motive übernommen und ist auf diese Weise vielleicht doch nicht so sehr als problematischer Nazi anzusehen, wie man dies bisher geglaubt hat. Die Problematik ist jedoch viel schärfer: Heideggers Anmaßung liegt gerade darin, die Charakteristika des jüdischen Gottes für das Sein zu beanspruchen und für dieses die wenigen Völker Griechenlands und Germaniens als entsprechende anzusehen. Dies ist eine offensiv heimholende Geste, die nicht zu der Täuschung verführen darf, in Heideggers Denken ein gegenüber dem Jüdischen versöhnliches Motiv im Vordergrund zu sehen.

Natürlich kann man sich immer wieder fragen, wie verschiedene Religionen denn miteinander umzugehen haben. Die Frage der Begegnung zwischen verschiedenen Religionen ist im Verlauf der Geschichte oft durch kleine Gesten entscheidend bestimmt worden. So z. B., wenn Christus von Paulus in Athen mit dem dort verehrten »unbekannten Gott« identifiziert wurde und nicht mit dem Lichtgott Apoll, wie es für viele Griechen nahelag. Das entscheidende Charakteristikum des jüdischen Gottes, sich zu verbergen und wieder aus der Verbergung hervortreten zu können, macht jedoch noch nicht jene Identität aus, in der er sich gegenüber dem jüdischen Volke gezeigt hat, die nämlich darin besteht, daß er mit ihm einen Bund geschlossen und es in seiner Liebe ausgewählt hat. Daran aber haben sich die Völker gestoßen und viele mit der Religion Beschäftigte wollten für ihr eigenes Volk eine entsprechende Auserwähltheit reklamieren. Die Konkurrenz um »God's own country« war für den Ersten Weltkrieg außerordentlich bestimmend und hält bekanntlich bis in die Gegenwart an. Dadurch, daß der alttestamentarische Gott, der Gott der Thora, auswählt, zeigt er, daß er lieben kann. Wir wissen mit Foucault, insbesondere aus seinen Studien zur antiken Paideia, daß das Auserwählen ein entscheidendes Charakteristikum der Liebe ist. Mit Lessing und mit Foucault kann man dies als Ansporn unter den Völkern affirmieren und zur eigenen Beflügelung benutzen. Aber es sollte zum Ansporn für das eigene Verhalten und die eigene Leistung dienen und nicht zur Weginterpretation des beneideten Liebenden. Die »coolness« heutiger Tage und eine Toleranz, die auf gleichsinnige Nüchternheit geht, sind hoch zu schätzen. Entscheidend ist aber, daß wir auch jene tolerieren, die sich für auserwählt halten und, wenn es sich um Geschichte handelt, diese Auserwähltheit selbst durch eine Negation nicht abschütteln können, denn sie bleibt als Zeichen bestehen. Dieses Zeichen kann als Zeichen der Hoffnung (Er ist ein Liebender.) gedeutet werden.

Insofern denke ich, daß wir gegenüber der Linie Hölderlin/Heidegger einige Bedenken (ich glaube sogar, sehr heftige) entwickeln müssen. Bei Hölderlin, dies muß man anfügen, war der Versuch der Aktivierung des Griechischen allerdings eher auf eine Relativierung von Christus als auf eine des alttestamentarischen Gottes gerichtet (aber werden mit der einen Bewegung nicht beide getroffen?). Man muß der Gerechtigkeit halber darauf hinweisen, daß bei Hölderlin, anders als bei Heidegger, Versuche eines Weges aus dem rein griechischen Denken heraus angelegt sind. So, wenn er erste Versuche in der gleichsam hebräischen Schrift in seiner kurzen Kenogrammatik in seinem Gedicht *Was ist Gott?* ... :

> ... Jemehr ist eins
> Unsichtbar,   schicket es sich in Fremdes.

unternimmt, mehr noch, wenn er auf den heiligen Namen verweist.

Die Rede von der Wiederkunft der Götter, die von Derrida im Rahmen der Wiederkunft der vorsokratischen Denkweise gegenüber Heidegger als Kritik eines poetologischen Weltbildes formuliert wurde, kann angesichts der Tatsache, daß Hölderlin auch die Liebe nur als Wiederkunft des schon entworfenen Skripts zu verstehen schien, durchaus unterstützt werden. Gott fällt heftiger und unmittelbarer ins Denken ein (wie dies Lévinas betont), als ein Denkender der Vorbereitung des Heiligen sich dies bisweilen erträumen mag.

Zusammenfassung

Hölderlins Theorie der Rhythmen und der Entstehung von Vorstellungen stellt eine interessante Bereicherung der gegenwärtigen Hirnforschung dar. Seine im Rahmen einer Poetologie formulierten Konzepte sind gegenüber den neurowissenschaftlichen Modellen anschlußfähig und von Hölderlin von vornherein auch im Hinblick auf die Vermögen des Menschen, also im Hinblick auf seine Kompetenzen, formuliert worden. Dabei kommt der Poesie eine zentrale Rolle zu, wenn Hölderlin sagt, daß die Philosophie auf einem bestimmten Vermögen arbeite, die Poesie aber alle Vermögen des Menschen integriere. Wenn alle Vermögen des Menschen integriert werden, dann ist solch einer Theorie der Gesamtvermögen (also der Gesamtfunktionen des Gehirns) besondere Aufmerksamkeit zuzuwenden, da in ihrer Konzeption der Rhythmik versprochen ist, einen Einblick in den Zusammenhalt des Ganzen der Vermögen bzw. des Gehirns zu erlangen. Betrachtet man die gegenwärtige Codierungstheorie, dann liefert Hölderlin ein wichtiges Moment für ihre Weiterentwicklung. Die Codierung im Nervensystem kann unter unterschiedlichen Aspekten betrachtet werden. Entscheidend ist, daß das Nervensystem nicht mit einem Taktgeber arbeitet, sondern zum Teil die Zeit als wesentliches Codierungselement einsetzt in der Weise, daß die Gegenstandskonstitution über die Gleichzeitigkeit von Impulsen erfolgt. Das sogenannte Bindungsproblem, die Frage, wie verschiedene Impulse verschiedener Neuronen in eine Bindung zueinander treten, wird auf der ersten Stufe der Analyse heute so beantwortet, daß die Zeitgleichheit als entscheidendes Kriterium für die Konstituierung von Informationen angesehen wird. Die entscheidenden Experimente hierfür gehen auf Wolf Singer und Charles Gray zurück, welche zeigen konnten, daß in der Hirnrinde von Nagetieren die Gegenstandskonstituierung über die Synchronisierung eines 40-Hertz-Rhythmus von neuronalen Impulsen erfolgt. Dieses Konzept hat sich, auch bei der Frage der Beziehung der beiden Hirnhälften in der Aufmerksamkeitskonstituierung im Katzenversuch bewährt (so z.B. bei Engel und anderen) und ist bereits auch bei Gedächtnisuntersuchungen am Menschen erfolgreich gewesen (so Fell und Fernandez). Die entscheidende Frage ist natürlich, wie die durch die Synchronisierung gebildeten Gruppen nun wiederum miteinander in Beziehung treten und in Prozesse des Denkens eingebettet werden können. Theoretische Ansätze und Modelle hierfür wurden von Gerald M. Edelman und Giulio Tononi geliefert, welche die Aktivität von Teilgruppen des Gehirns in bezug auf die Gesamtaktivität des Gehirns im theoretischen Modell beschrieben. Macht man sich die Anschlußfähigkeit der Hölderlinschen Rhythmustheorie zunutze, so läßt sich in seinem Modell sagen, daß eine Serie von Rhythmen wohl mit einer Serie von Vorstellungen verbunden sein können, daß die entscheidende Vorstellung aber durch den Zusammenprall verschiedener Rhythmen entsteht. Dies ist ein interessantes Modell, da den Vorstellungen hier die Rolle einer Kollisionsüberbrückung zukommt. Nimmt man dann die neurophysiologischen Untersuchungen zu Korrekturprozessen hinzu, läßt sich sagen, daß dem Problem der bewußten Vorstellungen insofern die Schärfe genommen ist, als in diesen Vorstellungen nicht die entscheidenden kognitiven Prozesse selber gesehen werden müssen, sondern diese als Grundlage für weitere Differenzierungen und Korrekturen angesehen werden können. Damit ist der menschliche Geist aber keinesfalls entmachtet, sondern vielmehr wird deutlich, daß das, was von der Bewußtseinsphilosophie zum Teil als zentrales Geschehen des Geistes angesehen wurde, dieser in einem größeren Zusammenhang zu leisten vermag. Nicht in einer magisch-herrschaftlichen Vorstellungsentstehung, sondern in Ankoppelbarkeiten von Korrekturprozessen an auf komplexe Weise entstandene Vorstellungen liegen die vielfältigen Möglichkeiten unseres Denkens. Die Vorstellungen haben ihre eigentliche Rolle im größeren Zusammenhang des Prozesses der Kognition und unterliegen keinem Selbstzweck. Folgt man diesen neurophysiologischen Überlegungen von Singer über Hölderlin zu Tononi und zu den Theoretikern und Experimentatoren der Korrekturprozesse wie der Magdeburger Forschungsgruppe (Rodriguez-Fornells et al.), dann könnte man sogar die Position einnehmen, daß Vorstellungen im Rahmen trainierten logischen Denkens in gewissem Maße erübrigt werden können wie dies z.B. der Logiker Frege annahm. Hölderlin liefert insofern einen wichtigen Baustein für eine Theorie des Zusammenhanges des menschlichen Denkens.

Hölderlin entwirft dabei aber zugleich ein poetisches Weltbild, das aufs Ganze gehend eher den tragischen Zusammenbruch dieses Ganzen im Zusammenprall verschiedener Rhythmen darstellt. So sehr die Hölderlinsche Hirntheorie für den gegenwärtigen Diskurs der Neurowissenschaft brauchbar ist, so sehr muß auch betont werden, daß die explizite Benutzung der Gesetze der Hirnprozesse noch einmal eine große Differenz zur faktischen impliziten Verwirklichung darstellt. Auch wenn wir die Gesetze der Kollision in unserem Gehirn realisieren, so bedeutet das nicht, daß wir uns diesen explizit unterordnen und diese zur Orientierung unseres Denkens machen müßten. Deswegen erscheint es wichtig, an diesem Beispiel auch zu verdeutlichen, daß der Aufweis hirnphysiologischer Gesetze keinesfalls bedeutet, daß wir in unserem expliziten Denken diese Gesetze auch zu realisieren versuchen sollten, da die explizite Benutzung ja wieder auf völlig anders gearteten Hirnorganisationen aufruhen mag. So sehr die Hölderlinsche Konzeption für die Hirnphysiologie von Bedeutung ist, so sehr muß Zurückhaltung demgegenüber bewahrt werden, was als Rechtfertigung eines rein poetologischen Weltbildes verstanden werden könnte. Wenn der Versuch, aufs Ganze zu gehen, sei es der Versuch, das Ganze der Gehirnfunktionen in einen Einklang zu bringen, sei es der Versuch, daß All-Eine zu erfassen, bedeutet, daß es hier zum tragischen Zusammenbruch kommen wird, so muß die Hölderlinsche Kunde uns durchaus hellhörig machen und die Frage aufwerfen, ob es dann nicht besser ist, von vornherein sich auf die Partikularität zu konzentrieren und sich beim Hölderlinschen Modell auf den physiologischen-poetologischen Kern zu konzentrieren, für die kulturellen Folgerungen aber gerade aufgrund dieser Befunde nach neuen Wegen Ausschau zu halten. Eine ähnliche Kritik findet sich bei Paul Celan, der auf den Versuch Hölderlins hin, im Gesang die große Einheit finden zu wollen, äußert: »Der Kehlkopfverschlußlaut singt.« (Paul Celan, *Frankfurt, September*). Damit tritt Celan auf die

Seite einer Einheit, die wir nicht erreichen können, denn die große Kohärenz im Gesang auf dem Kehlkopfverschlußlaut ist nicht möglich, da dieser zum Singen nicht geeignet ist, wohl aber innerhalb des hebräischen Alphabets in einen Verweiszusammenhang hineingeleitet, der auf die uns nicht zugängliche Einheit des Einzigen aufmerksam machen kann.

Der Aufweis, daß Hölderlinsche Theorien für die gegenwärtige Hirnforschung fruchtbar gemacht werden können, darf nicht als Rechtfertigung gelesen werden, das Hölderlinsche Gesamtkonzept könne unabhängig von seinen politischen Wirksamkeiten und Implikationen für das Abonnement freigegeben werden. Der »Vermögenforscher« und »Hirnforscher« Hölderlin hat im dichterischen Bereich und in seiner Lebensführung eine Strenge aufgewiesen, die die Ergebnisse seines Lebens, die Ergebnisse einer Lebenskunst (bzw. eher Lebensunkunst) für uns interpretierbar machen, da es sich nicht um den jede Woche wechselnden Versuch, nach einem besseren Leben mit besseren Regeln Ausschau zu halten, handelt. Offenbar war Hölderlin selbst zu der Einsicht gelangt, daß wir das Ganze und All-Eine nicht aus eigenen Kräften erreichen können. Er hat sich daher darauf konzentriert, den Anderen, die uns dabei zu Hilfe kommen müssen, den Festtisch zu bereiten. So problematisch das ist, können wir dankbar sein, daß seine akribische Lebensführung die Möglichkeiten zu einer kritischen Würdigung seines Konzeptes liefert. Er hat die historisch bedeutsame Denkfigur des Wartens auf die Ankunft der Götter nicht nur in der deutschen Geistesgeschichte in eine zentrale Stellung gehoben, die große Auswirkungen zeitigte. Ist der tragische Ausgang schon damit verhindert, daß wir nicht aufs Ganze gehen, sondern daß wir als Sterbliche den Göttlichen die Ankunft bereiten? Schaut man sich Hölderlins Lebensweg an, der im Text des

Hyperion praktisch vorkonzipiert wurde, so scheint vieles für die Kritik am Denkmodell des Wartens auf die Götter zu sprechen. Martin Heidegger hat Hölderlins Vorstellung vom Warten auf die Ankunft der Götter teilweise übernommen und weiter ausgebaut. Dies ist insbesondere von Jacques Derrida kritisiert worden (in seinem Buch *Vom Geist*), da Derrida in dem Warten auf die Ankunft die mentale Einstellung einer bloßen Wiederholung sieht. Es handelt sich nach seiner Vorstellung also um alles andere als um die Offenheit für die Zukunft. Sieht man, auf welche Weise Hölderlin sein Liebeskonzept in seinem Leben gleichsam in Anlehnung an ein Skript zu realisieren versuchte, dann kann man sagen, daß die Vorstellung von der Bereitung einer Ankunft ähnlich wie die Konzeption der Liebe bei Hölderlin etwas Mechanisches an sich haben könnte. Der Zugriff auf das Ganze und das All-Eine gelingt nur im Tragischen oder bedarf der Hilfe der Anderen. Wenn ich für diese Hilfe selber ein Skript liefere, dann besteht die Gefahr, daß ich letztlich doch den eigenen Zugriff, ohne die Anderen zum Zuge kommen zu lassen, versuche.

Dennoch sind Hölderlins Erfahrungen zum Teil gerade wegen der großen Starrheit bei der Durchführung des Lebenskonzepts für uns von großer Bedeutung. Anders als bei jenen, die jede Woche ihre Lebensmaxime zu verbessern versuchen, liefert er ein fast wissenschaftliches Protokoll eines gleichsam als naturwissenschaftlichen Versuch angelegten Lebens. Hölderlin gestaltete sein Leben nicht nur wie ein Hirnforscher, sondern wie ein Forscher schlechthin, der auch mit der Liebe das Experiment wagte, dann aber einsehen mußte, daß dies frevelhaft war, ihm das Haus über dem Kopfe anzünden mußte und ihn nur noch als, wie er es nannte, falschen Priester von den Ergebnissen berichten lassen konnte, die schlimmer waren als er es beim Entwurf des Experiments geahnt hat.

Literaturverzeichnis

Baader, F. X. von.: *Gesammelte Schriften zur Philosophischen Anthropologie* (Hg. F. Hoffmann), Band 4 des Gesamtwerks, Scientia Verlag, Aalen 1987

Badiou, A.: *Manifest für die Philosophie.* Turia + Kant Verlag, Wien 1998

Baudrillard, J.: *Von der Verführung.* Matthes & Seitz Verlag, München 1992

Baumanns, P.: *J. G. Fichte. Kritische Gesamtdarstellung seiner Philosophie.* Alber Verlag, Freiburg/München 1990

Borges, J. L.: *Gesammelte Werke*, 9 Bde., Bd. 5, Erzählungen, Hanser Verlag, München 2000

Braun, C. von: *Nicht Ich. Logik, Lüge, Libido.* Verlag Neue Kritik, Frankfurt a. M. 1985

Bronfen, E.: *Nur über ihre Leiche. Tod, Weiblichkeit und Ästhetik.* Kunstmann Verlag, München 1994

Brown, J. W.: *Mind and Nature. Essays on Time and Subjectivity.* Whurr Publishers, London/Philadelphia 2000

Büttner, S.: *Natur – Ein Grundwort Hölderlins.* In: Hölderlin Jahrbuch 1988-1989, 26. Band, Mohr Verlag, Tübingen 1989, 224-247

Carnegie, D.: *Sorge dich nicht – lebe!* Scherz Verlag, München, 85. Auflage 1999

Celan, P.: *Gesammelte Werke*, 2. Band, Suhrkamp Verlag, Frankfurt a. M. 1986

Chomsky, N.: *Reflexionen über die Sprache.* Suhrkamp Verlag, Frankfurt a. M. 1998

Derrida, J.: *Die Schrift und die Differenz.* Suhrkamp Verlag, Frankfurt a. M. 1972

Derrida, J.: *Vom Geist.* Suhrkamp Verlag, Frankfurt a. M. 2000

Edelman, G. M. und G. Tononi: *Gehirn und Geist. Wie aus Materie Bewußtsein entsteht.* C. H. Beck Verlag, München 2002

Engel, A. K., Fries, P. and W. Singer: *Dynamic Predictions: Oscillations and Synchrony in Top-Down Processing.* In: Nature Reviews Neuroscience 2, 2001, 704-716

Fell, J., Klaver P., Lehnertz, K., Grunwald, T. Schaller, C., Elger, C.E. and G. Fernandez: *Human Memory Formation is Accompanied by Rhinal-Hippocampal Coupling and Decoupling.* Nature Reviews Neuroscience 4, 2001, 1259-1264

Fichte, J. G.: *Fichtes sämmtliche Werke*, (Hg. I. H. Fichte), 8 Bände, Walter de Gruyter Verlag, Berlin 1971

Fichte, J. G.: *Fichtes nachgelassene Werke*, (Hg. I. H. Fichte), 3 Bände, Walter de Gruyter Verlag, Berlin 1971

Foster, J. K.: *Cantor Coding and Chaotic Itinerancy: Relevance for Episodic Memory, Amnesia and the Hippocampus?* Behavioral and Brain Sciences 24, 2001, 815-816

Foucault, M.: *Sexualität und Wahrheit.* 3 Bände, Suhrkamp Verlag, Frankfurt a.m. 1995

Frege, G.: *Logische Untersuchungen.* Vandenhoeck & Ruprecht, Göttingen, 2. Auflage 1976

Freud, S.: *Entwurf einer Psychologie* von 1895. In: Nachtragsband, Texte aus den Jahren 1885-1939, Gesammelte Werke (17 Bde.), Fischer Verlag, Frankfurt a.M. 1987

Gardner, H.: *Intelligenzen. Die Vielfalt des menschlichen Geistes.* Klett-Cotta Verlag, Stuttgart 2002

George, E. E.: *The Fourth Tone.* In: Journal of English and Germanic Philology 94, 1995, 483-496

Gephart, W.: *Gründerväter, Soziologische Bilder.* Leske und Budrich, Opladen 1998

Gödel, K.: *Collected Works.* (Ed. S. Feferman et al.), Oxford University Press , New York (Vol. I) 1986, (Vol. II) 1990, (Vol. III) 1995

Görner, R.: *Wanderung zwischen den Extremen. Hölderlins Sinngebung des Exzentrischen.* In: Friedrich Hölderlin. Text + Kritik, Sonderband VII, 1996, 62-74

Gray, C.M., König, P., Engel A.K. and W. Singer: *Oscillatory Responses in Cat Visual Cortex Exhibit Inter-Columnar Synchronization which Reflects Global Stimulus Properties.* In: Nature 338, 1989, 334-337

Grimm, S.: *Vollendung im Wechsel.* Friedrich Hölderlins »Verfahrensweise des poetischen Geistes« als poetologische Antwort auf Fichtes Subjektphilosophie. Francke Verlag, Tübingen 1996

Grimm, S.: *Hölderlin und Hegel in Frankfurt:* Hegels »Dissertatio« über die Planetenbahn und Hölderlins Dichtungstheorie. In: Hölderlin Jahrbuch 1998-1999, 31. Band, Edition Isele, Eggingen 2000, 139-141

Harrington, A.: *Die Suche nach Ganzheit.* Rowohlt Verlag, Reinbek bei Hamburg 2002

Heidegger, M.: *Vorträge und Aufsätze.* Neske Verlag, Pfullingen 1954

Heidegger, M.: *Erläuterungen zu Hölderlins Dichtung,* Vittorio Klostermann Verlag, Frankfurt a.M., 4. Auflage 1971

Heidegger, M.: *Gesamtausgabe,* Bde. 39, 52, 53, II. Abteilung, *Vorlesungen* 1923-1944 zu Hölderlins Hymnen, Vittorio Klostermann Verlag, Frankfurt a.M. 1980-1984

Heidegger, M.: *Gesamtausgabe,* Bd. 65, III. Abteilung: *Unveröffentliche Abhandlungen, Beiträge zur Philosophie (Vom Ereignis),* Vittorio Klostermann Verlag, Frankfurt a.M. 1989

Hofmann, G.: *Dionysos Archemythos. Hölderlins transzendentale Poiesis.* Francke Verlag, Tübingen 1996

Hogrebe, W.: *Hölderlins mantischer Empirismus.* In: Wege und Fortschritte der Wissenschaft. Beiträge von Mitgliedern der Sächsischen Akademie der Wissenschaften zu Leipzig zum 150. Jahrestag ihrer Gründung, Berlin 1996, 611-623

Hölderlin, F.: *Werke, Briefe, Dokumente.* Winkler Verlag, München 1963

Hölderlin, F.: *Sämtliche Gedichte,* Studienausgabe in 2 Bänden, Aula-Verlag, Wiesbaden, 2. Auflage 1989

Ihara, K.: *Shijin Herudarîn no »Rishin-kido« ni tsuite* (Über die »exzentrische Bahn« bei Hölderlin). In: Jinbun-ronshû = Humanitas 34, publ. annually by the Waseda University Law Association. Special issue dedicated to Prof. Keiji Ihara in Commemoration of his Retirement, Tôkyô 1995, 35-91

Ihara, K.: *»Exzentrische Bahn« und »Triade« bei Friedrich Hölderlin.* In: Waseda Blätter, hg. von der Germanistischen Gesellschaft der Universität Waseda, Tôkyô (1), 1997, 3-18

Jakobson, R.: *Hölderlin, Klee, Brecht.* Suhrkamp Verlag, Frankfurt a. M. 1976

Jaspers, K.: *Psychologie der Weltanschauungen.* Springer Verlag, 6. Auflage, Berlin/Heidelberg/New York 1971

Juranville, A.: *Lacan und die Philosophie.* Boer Verlag, München 1990

Kalinowski, I.: *Voyageurs dans un paysage.* Deux versions du poème »Der Wanderer« de Hölderlin (1797 et 1800). Le paysage en France et en Allemagne autour de 1800. In: Revue germanique internationale 7, 1997, 231-246

Kant, I.: *Der Streit der Fakultäten. Anthropologie in pragmatischer Hinsicht.* Akademie Textausgabe VII, Walter de Gruyter Verlag, Berlin 1968

Kreuzer, J.: *»Alles ist gut«. Anmerkungen zu einem Satz in Hölderlins »Patmos«-Hymne.* In: Wechsel der Orte. Studien zum Wandel des literarischen Geschichtsbewußtseins. Festschrift für Anke Bennholdt-Thomsen. Göttingen 1997, 14-22

Krueger, F.: *Lehre von dem Ganzen. Seele, Gemeinschaft und das Göttliche.* Huber Verlag, Bern 1948

Kurthen, M.: *Neurosemantik.* Enke Verlag, Stuttgart 1992

Kurthen, M., C. Helmstaedter, C. E. Elger and D. B. Linke: *Sex Differences in Cerebral Language Dominance in Complex-Partial Epilepsy.* Naturwissenschaften 84, 1997, 131-133

Lacoue-Labarthe, P.: *Metaphrasis. Das Theater Hölderlins.* Diaphanes Verlag, Rieden 1998

Lévinas, E.: *Wenn Gott ins Denken einfällt.* Alber Verlag, Freiburg/München 1985

Linke, D. B.: *Das Gehirn.* C. H. Beck Verlag, München 1999, 2000, 2002

Linke, D. B.: *Einsteins Doppelgänger. Das Gehirn und sein Ich.* C. H. Beck Verlag, München 2000

Linke, D. B.: *Religion als Risiko. Geist, Glaube und Gehirn.* Rowohlt Verlag, Reinbek bei Hamburg 2003, 2005

Linke, D. B.: *Das Gehirn – Schlüssel zur Unendlichkeit. Der Geist ist mehr als unser Hirn.* Herder Verlag, Freiburg 2004

Linke, D. B.: *Die Freiheit und das Gehirn. Eine neurophilosophische Ethik.* C. H. Beck Verlag, München 2005

Lösch, W.: *Der werdende Gott.* Mythopoetische Theogonien in der romantischen Mythologie. Verlag Peter Lang, Frankfurt a. M. 1996

Mansfeld, J.: *Die Vorsokratiker* I. Milesier, Pythagoreer, Xenophanes, Heraklit, Parmenides. Griechisch/Deutsch, Reclam Verlag, Ditzingen 1983

Mieth, G.: *Friedrich Hölderlins späte Sprachstörung.* In: Sprache und Kommunikation im Kulturkontext. Beiträge zum Ehrenkolloquium aus Anlaß des 60. Geburtstages von Gotthard Lerchner, Frankfurt a. M. 1996, 63-69

Nancy, J.-L.: *Kalkül des Dichters. Nach Hölderlins Maß.* Legueil Verlag, Stuttgart 1997

Nietzsche, F.: *Die fröhliche Wissenschaft.* Goldmann Verlag, München 1959

Nietzsche, F.: *Menschliches, Allzumenschliches.* 2 Bde., Goldmann Verlag, München 1960/1961

Nietzsche, F.: *Also sprach Zarathustra.* Insel Verlag, Frankfurt a. M. 2000

Pieper, A.: *Aufstand des stillgelegten Geschlechts – Einführung in die feministische Ethik.* Herder Verlag, Freiburg 1993

Piper, K. und H. Saner (Hg.): *Erinnerungen an Karl Jaspers.* Piper Verlag, München 1974

Raulet, G.: »*Nächstens mehr«. Communauté et réflexion seconde dans l'Hypérion de Hölderlin.* In: Idéalisme et romantisme au début du 19ème siècle. Les Cahiers de Fontenay 73/74, 1994

Riedel, I. (Hg.): *Hölderlin ohne Mythos.* Vandenhoeck & Ruprecht, Göttingen 1973

Riedel, W.: *Deus seu Natura. Wissensgeschichtliche Motive einer religionsgeschichtlichen Wende – im Blick auf Hölderlin.* In: Hölderlin Jahrbuch 1998-1999, 31. Band, Edition Isele, Eggingen 2000, 171-206

Rodriguez-Fornells, A., Kurzbuch, A. R. und T. F. Münte: *Time Course of Error Detection and Correction in Humans:* Neurophysiological Evidence. In: Journal of Neuroscience 15, 2002, 9990-9996

Schmid, W.: *Philosophie der Lebenskunst.* Suhrkamp Verlag, Frankfurt a. M. 1998

Seferis, J.: *Geheime Gedichte.* Romiosini Verlag, Köln 1985

Singer, W. and C. M. Gray: *Visual Feature Integration and the Temporal Correlation Hypothesis.* In: Annual Review of Neuroscience 18, 1995, 555-586

Singer, W.: *Der Beobachter im Gehirn.* Suhrkamp Verlag, Frankfurt a. M. 2002

Spinoza, B.: *Philosophische Bibliothek*, Bd. 92, Ethik in geometrischer Form dargestellt. (Hg. W. Bartuschat), Meiner Verlag, Hamburg 1999

Straub, R.: *Scardanal – Scardanelli. Bericht über eine Entdeckung während einer Reise in die Quellgebiete des Rheins*. In: Hölderlin Jahrbuch 1986-1987, 25. Band, Mohr Verlag, Tübingen 1987, 275-280

Striet, M. (Hg.): *Monotheismus Israels und christlicher Trinitätsglaube*. Reihe Questiones Dispotatae, Bd. 210, Herder Verlag, Freiburg 2004

Taminiaux, J.: *L'ombre d'Aristote dans les »Remarques« de Hölderlin sur »Oedipe« et »Antigone«*. In: Taminiaux, J.: Le théâtre des philosophes. La tragédie, l'être, l'action. Grenoble 1995, 239-301

Tanaka, S., M. Miyashita and J. Ribot: *Roles of Visual Experience and Intrinsic Mechanism in the Act Dependent Self-Organization of Orientation Maps: Theory and Experiment*. In: Neural Networks 17, 2004, 1363-1375

Treher, W.: *Hegels Geisteskrankheit oder das verborgene Gesicht der Geschichte*. Selbstverlag Treher, Emmendingen 1969

Welsch, W.: *Vernunft. Die zeitgenössische Vernunftkritik und das Konzept der transversalen Vernunft*. Suhrkamp Verlag, Frankfurt a. M., 3. Auflage 2000

Wittgenstein, L.: *Tractatus logico-philosophicus*. Bd. 1 der Werkausgabe in 8 Bänden, Suhrkamp Verlag, Frankfurt a. M. 1984

Wittgenstein, L.: *Über Gewißheit*. Bd. 8 der Werkausgabe in 8 Bänden, Suhrkamp Verlag, Frankfurt a. M. 1984

Yahaba, T.: *Herudarîn to umi. Shiron*. (Hölderlin und das Meer. Ein Versuch). In: Iduna/Herudarîn-Kenyûkai Tôkyô 1, 1997, 179-198

Ziche, P.: *»In die Arme der Unendlichkeit«. Zu Hölderlins Gebrauch mathematischer Darstellungsmittel am Beispiel seines Gedichts »An die Natur«*. In: Faktenglaube und fiktionales Wissen. Zum Verhältnis von Wissenschaft und Kunst in der Moderne. Frankfurt a. M. 1997, 71-92, 305 f.

Žižek, S.: *Die Tücke des Subjekts*. Suhrkamp Verlag, Frankfurt a. M. 2001

Zum Autor

Prof. Dr. med. Detlef B. Linke, geboren am 2.11.1945 in Struwenberg (Brandenburg) war seit 1982 Professor für Klinische Neurophysiologie und Neurochirurgische Rehabilitation an der Rheinischen Friedrich-Wilhelms-Universitätsklinik in Bonn. Er erhielt 1990 den Alfred-Hauptmann-Preis für Epilepsieforschung; er war Mitbegründer des Zentrums für Alternsforschung an der Universität Bonn, Vizepräsident der »Society for Philosophical Study of Genocide and the Holocaust« und u.a. Mitglied des neurowissenschaftlichen Beirats des New York Psychoanalytic Institute und korrespondierendes Mitglied der Päpstlichen Akademie für das Leben.

Detlef B. Linke ist am 6. Februar 2005 nach langer und schwerer Krankheit gestorben.

Neben zahlreichen Publikationen, Vorträgen und Radio- und Fernsehbeiträgen schrieb er u.a. folgende Bücher: *Parallelität von Gehirn und Seele. Neurowissenschaft und Leib-Seele-Problem*, Stuttgart 1988 (mit M. Kurthen); *In Würde altern und sterben. Zur Ethik in der Medizin*, Gütersloh 1991; *Hirnverpflanzung. Die erste Unsterblichkeit auf Erden*, Reinbek bei Hamburg 1993, 1996; *Sprache und Gehirn*, Freiburg 1994 (Hrsg. mit I.M. Ohlendorf, Th.A. Pollow und W. Widdig); *Das Gehirn*, München 1999, 2000; *Einsteins Doppelgänger. Das Gehirn und sein Ich*, München 2000; *Kunst und Gehirn. Die Eroberung des Unsichtbaren*, Reinbek bei Hamburg 2001; *Religion als Risiko. Geist, Glaube und Gehirn*, Reinbek bei Hamburg 2003; *Das Gehirn – Schlüssel zur Unendlichkeit. Der Geist ist mehr als unser Hirn*, Freiburg 2004; *Die Freiheit und das Gehirn. Eine neurophilosophische Ethik*, München 2005

Dank

»Hölderlin als Hirnforscher, das hat viel mit Lebenskunst zu tun. Darüber würde ich gern ein Buch schreiben. Wann brauchen Sie es?«

Für die *Bibliothek der Lebenskunst* ist es ein Geschenk, daß dieses Buch, an dem Detlef B. Linke bis zuletzt gearbeitet hat, nun vorliegt. Anfang Februar 2005 schickte uns Ingeborg Linke das fertige Manuskript zu. Falls Fragen auftauchen, solle ich mich auf Wunsch ihres Mannes an Martin Kurthen wenden. Ich danke Ingeborg Linke für ihre fürsorgliche Begleitung des Lektorats und Martin Kurthen für die unkomplizierte Beantwortung aufgetauchter Fragen.

Dank auch an Karl-Josef Pazzini und an Daniel Eckert für Rat und Tat beim Lektorat.

April 2005, *Brigitte Landes*